Arno Specht

Geisterstätten

Vergessene Orte in Berlin und Umgebung

Mit Fotos von Stefan Beste, Babett Köhler,
Adrian Specht und Arno Specht

Jaron Verlag

Originalausgabe
2. Auflage 2012
© 2010 Jaron Verlag GmbH, Berlin
www.jaron-verlag.de
Umschlaggestaltung: Bauer + Möhring, Berlin, unter Verwendung
von Fotos von Arno Specht und Babett Köhler (Rückseite links unten)
Satz und Layout: Prill Partners | producing, Berlin
Lithographie: LVD GmbH, Berlin
Druck und Bindung: AZ Druck und Datentechnik GmbH, Berlin

ISBN 978-3-89773-638-2

Inhalt

Vorwort

Es ist gut drei Jahre her, dass mein Sohn Adrian Bilder im Internet entdeckte: Bilder der verlassenen Beelitzer Heilstätten. Es waren Bilder, die mich ebenso verstörten wie begeisterten. Das Bedauern über den Verfall der wunderbaren Gebäude mischte sich mit der Faszination, die von der morbiden Schönheit dieses Verfalls ausging. Unser erster Besuch in Beelitz wurde zum Beginn einer Spurensuche in den Ruinen der jüngsten Vergangenheit.

Das vorliegende Buch ist das Ergebnis dieser Spurensuche. Sie führte zu Orten fernab von restaurierten Sehenswürdigkeiten und Museen. Sie führte über niedergedrückte Zäune, zugewachsene Grundstücke und offen gelassene Türen, hinein in Gebäude, die seit Jahren keine Aufgabe mehr haben. Sie führte zu Ruinen, in leere Hallen und verlassene Räume, in dunkle Keller und über morsche Böden. Es war ein Eintauchen in eine Vergangenheit, die nicht aufbereitet wurde. In der die Details von der Geschichte erzählen, die die letzten Bewohner oder Benutzer zurückgelassen haben. Es sind zufällige Spuren – von niemandem arrangiert oder bewusst in Szene gesetzt. Doch diese zufälligen Spuren vermitteln Alltagsgeschichte auf ganz besonders authentische Weise.

Meist war es der historische Umbruch der Jahre 1989/90, der den Gebäuden ihre Bedeutung nahm: Das Ende des Kalten Krieges ließ ganze Armeen verschwinden. Die Wiedervereinigung bedeutete das Ende der DDR-Alltagskultur und nahm ganzen Industrien ihre Grundlage. Geblieben sind Ruinen, die auf unterschiedliche Weise ein Stück der wechselhaften Geschichte Berlins und seiner Umgebung erzählen.

Wo einst Menschen lebten, arbeiteten und ihre Freizeit verbrachten, herrschen jetzt Ruhe und Verfall. Die Natur holt sich Räume in der Großstadt zurück. Gebäude, die einst für die Ewigkeit gebaut wurden, verrotten unter dem Einfluss von Witterung und Vandalismus. So wird die Spurensuche nicht nur zu einer historischen, sondern auch zu einer ästhetischen Entdeckungsreise. Denn Zerstörung schafft immer auch

Neues: Rost, abblätternde Farbe, morsches Holz und Scherben prägen eine ebenso zufällige wie temporäre Schönheit des Verfalls.

Dieses Buch schildert Eindrücke und zeigt Bilder von 14 vergessenen Orten in Berlin und Umgebung. Es führt den Leser unter anderem zu den ehemaligen Heilstätten in Beelitz und Hohenlychen, auf den Teufelsberg oder in die Krampnitzer Kaserne. Dazu kommen mehrere kleinere Objekte, Fußnoten der Alltagsgeschichte. Einen Anspruch auf Vollständigkeit kann und will dieses Buch nicht erheben. Schon gar nicht soll es eine Art Reiseführer sein. Zum einen ist der Besuch verlassener Orte nicht ungefährlich: Morsche Böden können nachgeben und lose Ziegelsteine ihren Weg nach unten suchen. Zum anderen leben die Orte auch und gerade von der Ruhe und Einsamkeit. Ihr Zauber liegt darin, dass sie in Vergessenheit geraten sind.

Mein Dank gilt allen, die mich auf meiner Spurensuche begleitet haben, meiner Frau Maggie für ihre Geduld und guten Ideen sowie Eva-Maria und Manuel für die Gastfreundschaft vor und nach unseren Touren.

Zur zweiten Auflage

Ein klassischer Reiseführer wollte dieses Buch nie sein, denn ein Großteil der hier vorgestellten Objekte kann nicht besichtigt werden. Trotzdem hat das Buch schnell seinen Platz in den Regalen der Buchhandlungen und vor allem bei den Lesern erobert – so schnell, dass nach nicht einmal einem Jahr die erste Neuauflage fällig ist.

Nach kurzen Überlegungen haben der Verlag und ich beschlossen, das Buch unverändert nachzudrucken. Dabei nehmen wir bewusst in Kauf, dass einige der vorgestellten Objekte mittlerweile anders aussehen als hier beschrieben: Der Teufelsberg ist zur Touristenattraktion, die Bärenquell-Brauerei ein Opfer der Zerstörungswut geworden; die Kühlhäuser der Eisfabrik sind komplett verschwunden.

Dem Reiz des Buches tut dies keinen Abbruch. Denn von Beginn an ging es darum, Momentaufnahmen des Verfalls zu erstellen und die Gebäude so zu beschreiben, wie ich sie bei meinen Besuchen vorgefunden habe.

Ich wünsche daher den Leserinnen und Lesern viel Vergnügen auf einer Reise in die Vergangenheit Berlins und seiner Ruinen – auch wenn diese zum Teil nur noch auf Fotos existieren.

Der Zauberberg für das Proletariat

Beelitz Heilstätten

Vergessene Orte sind meist auch verschwundene Orte. Erst verschwinden sie aus dem Alltag, dann aus Adress- und Telefonbüchern. Bald von Landkarten und Stadtplänen und irgendwann auch von Wegweisern. Denn dort, wo es nichts mehr gibt, will auch niemand mehr hin – und es gibt auch niemanden mehr, der Wert darauf legt, gefunden zu werden. Mit den Gebäuden verfällt auch ihr Platz im Bewusstsein. Meistens – aber nicht immer. Denn südwestlich von Berlin hat der Verfall sogar seine eigene Autobahnausfahrt. Wer sich auf der A9 aus Richtung Leipzig nähert, kann den verlorenen Ort nicht verfehlen – kurz vor Dreieck Potsdam steht sein Name meterhoch auf der Schilderbrücke, weiß auf blau, nachts wird er beleuchtet: »Beelitz Heilstätten«. Schon wenige hundert

Überwachsenes Geisterschloss: Die Frauen-Lungenheilstätte

Meter nach der Autobahnabfahrt wird die Straße schmal und holprig. Hinter Nadelwäldern tauchen bemooste Backsteinbauten mit leeren Fensterhöhlen auf. Man befindet sich inmitten einer Ruinenlandschaft.

Durch offenstehende Türen betritt man eine andere Welt: lange Gänge, eingeschlagene Fenster, Farbe, die von der Decke bröselt. Dazwischen

Lange Gänge, stille Treppen: Die letzten Patienten gingen 1994

stehen Relikte aus den Tagen, in denen das Gebäude ein Krankenhaus für Hunderte von Patienten war. Reste von Rollstühlen. Vermoderte Transportkisten für Organe. Eine OP-Liege mit aufgequollenem Polster. Zurückgelassene Spritzen, Kanülen und Schalen, in denen einst Blutiges schwamm. Wenn verlassene Gebäude ihre eigene Aura haben – in verlassenen Krankenhäusern potenziert sie sich. Zum Geruch von Moder kommt der Gedanke an Krankheit und Verwesung. Wie viele Menschen erlitten in diesen Räumen Schmerzen? Wie viele sind in diesem sterbenden Haus selbst gestorben?

Mit diesen Assoziationen hätten die Bauherren freilich wenig anzufangen gewusst. Denn als die Beelitzer Heilstätten ab 1898 entstanden, waren sie ein ehrgeiziges und vor allem sozial vorbildliches Projekt der Berliner Rentenversicherer. Mit direktem Eisenbahnanschluss an die expandierende Reichshauptstadt entstand eine mustergültig ausgestattete Klinik zur Heilung von Lungentuberkulose – einer Krankheit der Armen, wohlgemerkt. Denn vor allem in den engen Hinterhöfen und feuchten

Arbeiterwohnungen grassierte die Tuberkulose. Und obwohl die Zielgruppe nicht zu den Besserverdienenden gehörte, wurde beim Bau der Heilstätten an nichts gespart. Schon bei der Wahl des Architekten setzte man auf Renommee: Beauftragt wurde Heino Schmieden, Kompagnon von Martin Gropius und Baumeister der Berliner Charité. Und entsprechend plante Schmieden auch: große Zimmer, Balkone, Terrassen, Loggien und Wandelgänge – alles reich verziert im Stil des Wilhelminismus. Zwei weitere Bauphasen spiegeln die Architekturgeschichte des frühen 20. Jahrhunderts wider: 1905 bis 1908 zog der Jugendstil in Beelitz ein, und beim dritten Bauabschnitt ab 1926 nahmen die Architekten Anleihen beim Expressionismus. Über sechzig Gebäude wurden in den Kiefernwald gesetzt – eine Stadt für sich, mit Metzgerei, Bäckerei, Großwäscherei, Gärtnerei und Heizkraftwerk. Vor den Toren der Hauptstadt wuchs Stück für Stück ein Zauberberg für das Proletariat vom Wedding und aus Moabit. Aber sauber getrennt wurde auch hier – wenn auch nicht nach sozialen Schichten. Denn in Beelitz gab es vier Quartiere: für ansteckende und nicht ansteckende Krankheiten, für Männer und für Frauen. Und auch das Personal sollte vor Begegnungen bewahrt werden, die die Sittlichkeit gestört hätten. Darum stehen die Küche und die Wäscherei im Frauenbereich, das Heizhaus im Männerquartier.

Hospital mit Dachterrasse: Die Chirurgie

Heute ist der Zauberberg ein Geisterschloss. Durch zerschlagene Buntglasfenster dringt helles Sonnenlicht. Der floral geformte Stuck der Kapitelle folgt den Gesetzen der Schwerkraft. Aus geschnitzten Dacheinfassungen wächst Gras. Unter löchrigen Ziegeln sprießt Farn auf Dachbodendielen. Nach über zehn Jahren Leerstand kann die Natur deutlich sichtbare Erfolge verzeichnen. Und im Gestrüpp des wild wuchernden Waldes tauchen die Reste eines Klinikteils auf, der schon im

Zweiten Weltkrieg zerbombt wurde. Das Treppenhaus trägt bis heute den Ruß der Kriegsnacht. Im Gang rostet ein stählernes Krankenbett, ein Artefakt wie aus den Tiefen der »Titanic«. Seit 1944 wuchern Gras und Bäume über diesen Trakt – vielleicht als Strafe dafür, dass nach dem Ersten Weltkrieg der verwundete Gefreite Adolf H. in Beelitz gesund gepflegt wurde? Zumindest in diesem Fall hätten schlechtere Beelitzer Ärzte der Menschheit viel erspart …

Doch die Zeiten von Krieg und Militär sind Geschichte, und wer heute nach Beelitz kommt, musste sich bis vor kurzem an keine Besuchszeiten halten. Keine Schwester, kein Pfleger und kein Oberarzt verstellten den Weg. Die Heilstätten waren zum öffentlichen Raum geworden, und zur Saison gab's am Rande der Ruinenstadt sogar einen eigenen Verkaufsstand für die zweite Beelitzer Berühmtheit: frischen Spargel. Wer durch Beelitz zog, unterschied nicht mehr zwischen Lungen-Tb und anderen Gebrechen, sondern zwischen Nikon und Canon – das todkranke Krankenhaus war zum Freilichtmuseum der Fotografen geworden. Damen in Lack und Latex posierten zwischen Säulen, Geländern

Erinnert an die Nutzer: Ehrenmal im Hof

und OP-Tischen – die morbide Atmosphäre inspirierte. Liebe, Sex und Tod lagen schon immer nah beieinander. Doch dann wurde aus dem Spiel mit dem Tod Ernst: Ein Amateurmodel kam nach einem Fotoshooting zu Tode. Eine nächtliche Geisterparty endete mit einem Absturz im Treppenhaus. Auch hier konnte kein Arzt mehr helfen. Im Krankenhaus wurde wieder gestorben – bis der Besitzer das Gelände zum Sperrgebiet erklärte und es bewachen zu lassen begann.

Vorige Doppelseite: Statt Sterilität findet man im OP-Saal bunte Graffiti
Rechte Seite: Eines der Klinikgebäude ist seit dem Krieg eine Ruine

Buntes Überbleibsel: Reste des Wandschmucks im Badhaus

Wer in den Jahren davor genauer hinsah, fand auch andere Spuren. An der Wand kleben Reste der alten Untertapeten, die an die Menschen, die das Krankenhaus nach 1945 nutzten, erinnern: eine Ausgabe der »Prawda« aus den frühen 1980ern. Reste einer kyrillischen Leuchtschrift liegen zerbrochen auf den Stufen im Treppenhaus. Und auf eine Tür des Aufzuges ist mit einer unscharfen Schablone eine Drei in kyrillischen Buchstaben über das deutsche »2. Stck.« gemalt. Denn wie den Amerikanern ist den Russen die deutsche Eigenart des nicht mitgezählten Erdgeschosses fremd. Wenigstens hierin waren sich die Gegner im Kalten Krieg einig.

Nach dessen Ende blieben die Russen noch ein paar Jahre. Bis 1994, als das größte sowjetische Militärhospital außerhalb der Sowjetunion aufgegeben wurde. Und schon bald lockte das Areal Investoren an, die Teile sanierten. In einem der großen Jugendstilgebäude wird heute wieder therapiert. Die Stadt Beelitz träumte von einem Gesundheitspark in Hauptstadtnähe und legte einen ehrgeizigen Bebauungsplan auf. Doch auf den kurzen Boom folgte die Pleite. Die Sanierer gingen, die Hoffnungen schwanden. Was blieb, sind die Ruinen. Und die Autobahnausfahrt.

Das Ohr der Kalten Krieger

American Field Station Teufelsberg

Es ist ein Klang, der den Kopf dröhnen lässt. Der Schritt eines Turnschuhs auf kahlem Beton – er klingt wie der Tritt eines Sauriers. Ein Räuspern in der trockenen Luft – das Husten eines Riesen. Das Klicken einer Kamera – als ob sich gleich eine monströse Maschine in Bewegung setzt. Es ist der Sound des Kalten Kriegs. Es ist der Sound des Teufelsbergs.

Hunderte von weißen Dreiecken bilden eine Kuppel. Und keine zwei Dreiecke sind identisch. Es wirkt wie das Ergebnis einer geometrischen Fleißarbeit: Unzählige Varianten dieser geometrischen Grundform sind zu zeichnen. Vorgabe: Kein gleichschenkliges, kein gleichseitiges und schon gar kein rechtwinkliges Dreieck darf dabei sein. Der Satz des Pythagoras ist außer Kraft gesetzt.

Denn dort, 114,7 Meter über dem Meeresspiegel, galt über Jahrzehnte ein anderes Gesetz: Hören, ohne gehört zu werden. Und die fünf gigantischen Kuppeln hoch über dem Grunewald waren Teil des Systems. Ähnlich wie die Kuppel am Flughafen Tempelhof schützten sie Radaranlagen

Golfbälle im XXL-Format: Der Teufelsberg

der US-amerikanischen Army Security Agency (USASA) und später der National Security Agency (NSA) vor neugierigen Blicken und Witterungseinflüssen. Seit 1957 hatten sich die Spione der Alliierten dort eingerichtet. Auf den Luftkorridor von und nach Berlin sowie – wenn man schon mal dabei war – den gesamten Luftverkehr weiter in Richtung Osten warf man doch gerne mal einen wachsamen Blick. Und vielleicht

Blick über Berlin: Aus den Hallen sollten Apartments werden

auch auf noch viel mehr. Damals, vor 1989. Genauer gesagt, bis 1992. Denn erst drei Jahre nach dem Mauerfall gaben die Amerikaner ihren Horchposten auf.

Heute blickt man nur noch über Berlin. Ein steiler Weg durch dunkle Treppenhäuser führt nach oben. Vom Flachdach der Betonbauten aus kann man das Panorama genießen. Der Fernsehturm und die Skyline des Potsdamer Platzes sind weit weg – so weit weg wie die Bauten des ehemaligen Regierungsviertels der NS-Politiker in der wiedergefundenen Berliner Mitte.

Dabei war der Teufelsberg den Planern einmal ganz nah. Im Berliner Westen plante Hans Malwitz die Wehrtechnische Fakultät, eine Kaderschmiede für die künftige Elite der Wehrmacht des Großdeutschen Reiches und Teil von Albert Speers »Germania«-Plänen. Hitler persönlich legte 1937 den Grundstein. Und während am Rande der geplanten Nord-Süd-Achse noch mit einem gigantischen Betonklotz die Belastbarkeit des märkischen Sandes getestet wurde, wagte man sich hier schon an die ersten Mauern und einen Bunker. Die ersten Rohbauten standen bereits, als die vermeintliche Welthauptstadt im Bombenhagel versank. Speer und seine

Kollegen jubelten, dass ihnen die Alliierten auf diese Weise die Abriss-
arbeiten abnähmen, doch etwas später war der Bauruine im Grunewald
das gleiche Schicksal beschieden wie Speers Reichskanzlei an der Wilhelm-
straße: Sie wurde eingeebnet. Und der Geist der Teufel sollte niemals wie-
dererstehen. Deshalb wurden über den Resten der Militärhochschule die
Trümmer der zerbombten Reichshauptstadt aufgehäuft: Aus Millionen
Kubikmetern Schutt wurde der Teufelsberg. Alles in allem ragt er knapp
120 Meter über den Meeresspiegel. Eine für Berliner Verhältnisse bemer-
kenswerte topographische Dimension.

An der höchsten Stelle triumphiert nun der Verfall: Die Dreiecke der
Kuppeln sind zerrissen. Graffiti zerschneiden den weißen Grund. Ein
stählerner Türrahmen steht allein und surreal zwischen den Golfbällen
im XXL-Format. Und was von weitem so ätherisch-außerirdisch wirkt,
entpuppt sich aus der Nähe als Kunststofffolie auf Pressspan. Die Kulissen
eines Low-Budget-Remakes von Raumschiff Enterprise könnten nicht
schäbiger wirken – mehr Ed Wood als 007. In der Mitte der Kuppeln
steht auch kein Laser, der
James Bond an seiner
besten Stelle zu zerteilen
droht, sondern ein brö-
ckelnder Betonsockel. Statt
Hightech aus der frühen
IBM-Ära rascheln Alu-Grill-
schalen im Wind – Spuren
illegaler Partys am geheim-
nisvollen Ort. In den Hallen unter den Kuppeln sind
die Böden aufgerissen. Hier
flimmern keine Monitore
mehr im grün-schwarzen
Design der 1980er Jahre.
Dafür freuen sich Recycling-

Lack auf Ytong: Reste der Musterwohnung

Experten aus Osteuropa über Kilometer an Kupferdraht, die der Ex-
Klassenfeind am Teufelsberg zurückließ. Öffentliche Verwüstung am
einstigen Ort der Geheimnisse.

Dabei sollte es eigentlich schick werden auf dem Teufelsberg. Wohnen
mit unverbaubarem Blick im gediegenen Bezirk Charlottenburg-Wilmers-

dorf wollte ein Investor in den 1990er Jahren anbieten – in einer flachen Hauptstadt ein Renditeobjekt der Extraklasse. Mit viel Sinn für Geschmack wurde auch schon eine Musterwohnung eingerichtet. Edle Fliesen, Parkettböden in warmen Farben und Holzdielen auf dem Balkon mit Blick ins Grüne – so schön könnte Wohnen tief im Berliner Westen

sein. Wenn da nur nicht der Wind durch die nicht mehr vorhandenen Panoramascheiben pfeifen und eine veritable Graffitigalerie die Gasbetonsteine zieren würde. Denn hier scheiterten nicht nur Albert Speer und seine Kollegen, sondern auch der Investor.

Aus der Musterwohnung wurde ein Muster ohne Wert. Es folgten Behördenprobleme, Baustopp, Insolvenz. Schon bald kamen die Vandalen. Im Internet

Glasbruch: Leerstand lockt Vandalen an

präsentierten sie stolz ihr Zerstörungswerk, warfen vor laufender Kamera Badewannen und Waschbecken in die Tiefe und gaben dem You-Tube-Clip auch noch einen trendigen Namen, der Maßstäbe für eine neue Extremsportart setzen könnte: Extreme Garbage Throwing.

Seither herrscht wieder Ruhe auf dem Teufelsberg. Ein Ort der Geheimnisse und Mythen ist er geblieben. Die immer noch tief unter den Trümmern erhaltenen Bunkerreste der Wehrtechnischen Fakultät beflügeln die Phantasie von Schatzsuchern. Liegen hier möglicherweise Reste des Bernsteinzimmers? Oder Hitlers echte Tagebücher? Vielleicht war es ja der Geist des Ortes, der den Regisseur David Lynch zu dem Plan beflügelte, hier eine Universität für transzendentale Meditation einzurichten. Doch auch dieses Projekt versank wieder in der Tiefe. Es hallt höchstens in der Erinnerung noch nach. Wie jeder Schritt. Jedes Räuspern. Und jeder Kameraklick unter den Kuppeln des Teufelsbergs.

Vorige Doppelseite: Von den Hightech-Geräten blieben nur die Betonsockel

Die gestrandete Schönheit

Ballhaus in Grünau

Ob sie rauschend war, weiß keiner mehr – aber es war die letzte Ballnacht. Was gespielt wurde, ist unbekannt – aber es war ein Abgesang. Wer anwesend war, ist nicht überliefert – aber es waren Trauergäste. Denn nach dem Ende der Feier, als das letzte Glas geleert und die letzte Zigarette geraucht war, fiel das Ballhaus in einen Dornröschenschlaf.

Der Schlaf dauert an – aber Dornröschen schläft schlecht. Es hat Flecke und Risse bekommen, es kämpft gegen den Verfall und die Zeit. Wind, Wetter und Vandalen beschleunigten die Alterung. Doch es kämpft mit Würde. Denn wahre Schönheit lässt sich nicht zerstören.

Und Schönheit hat der große Ballsaal des Ausflugslokals im Überfluss. Es ist der Glanz einer längst vergangenen Zeit. Einer Zeit voller Stuck, Schnörkel und Zierrat. Kunsthistoriker werden vielleicht nörgeln, dass doch alles sehr »neo« sei – Neobarock, Neorenaissance und ein bißchen Neobyzantinik –, eine Orgie des Prunks, inszeniert, um glanzvollen Ereignissen noch mehr Glanz zu verleihen.

Vor dem inneren Auge zieht ein Film auf. Ein Film aus Zeiten, in denen elegante Kavaliere eleganten Damen den Hof machten.

Sterbende Schönheit: Der rote Ballsaal

In denen Herren in Dreiteilern und mit dicken Zigarren an der Bar Geschäfte besprachen, während mondäne Schönheiten mit perlenbesetzten schmalen Hüten in lasziv inszenierter Langeweile an den Enden langer Zigarettenspitzen sogen. In denen die Kapelle swingte und walzerte und Sänger in schmetterndem Bariton proklamierten, dass die Nacht nicht allein zum Schlafen da sei.

Der Film vor dem inneren Auge ist in Schwarzweiß gedreht. Eigentlich schade – denn die ganze Pracht lässt sich so nicht erfassen. Auch die in sattem Rot gestrichene Decke mit den elfenbeinfarbenen Stuck-

Alte Bühnenbeleuchtung

ornamenten hätte er nur grau in grau gezeigt. Das opulente Farbspiel kann man bis heute bewundern. Aber der Rausch der Ballnacht ist verflogen. Der Duft exklusiver Parfüms und kunstvoll arrangierter Blumenbouquets ist dem Modergeruch gewichen. Moos wächst zwischen den geschnitzten Geländerbrüstungen. Die großen Rundbogenfenster sind ohne Glas. Und wer heute durch den Saal streift, wirft keinen Tänzerinnen in langen Kleidern verstohlene Blicke hinterher, begutachtet nicht den korrekten Sitz der Anzüge oder die Fingerfertigkeit des Geigers. Wer den Saal heute besucht, blickt besorgt in Richtung Decke, ob sich nicht wieder ein Brocken Stuck löst. Und wer einen energischen Tango aufs Parkett legen würde, müsste damit rechnen, samt dem morschen Tanzboden im Keller zu landen. Der Sturz würde in den Überresten der Küche enden. Nur im Schein der Taschenlampe sieht man noch die gigantischen Herde. Zwischen abgeschabten Wänden öffnen sich die Stahltüren, hinter denen einst die gutgekühlten Vorräte und erlesenen Weine gelagert wurden. Es ist feucht und still, und man braucht viel Phantasie, um sich vorzustellen, wie hier schwitzende Köche an dampfenden Kesseln raffinierte Menüs zauberten, während oben verwöhnte Gaumen auf die erlesenen Genüsse warteten.

Und die wurden dort über Jahrzehnte zubereitet. 1895 wurde das Ausflugslokal am Stadtrand eingeweiht, mit parkähnlichem Garten und exquisitem Blick auf die Dahme. Ein paar Jahre später kam ein Palmengarten dazu, und Stück für Stück wurden die Räume und Säle im Inneren verziert. Es war eine der besseren Adressen, und Musiker rühmten sich, dort gespielt zu haben. In einem abgeschiedenen Nebentrakt richtete sich sogar eine Freimaurerloge ihr eigenes Zimmer ein.

Auch zu DDR-Zeiten war der Saal mit seinem bürgerlichen Ambiente mehr als nur eine normale HO-Gaststätte. In den 1980er Jahren wurde er zur Disko – und so zu einer idealen Adresse, um devisenträchtige Gäste aus dem kapitalistischen Ausland mal so richtig auszuführen. Bei dieser Gelegenheit konnte der Ost-Berliner Gastgeber auch zeigen, dass der Arbeiter- und Bauernstaat selbst in der ihm eigentlich fremden Disziplin »Nachtleben« Weltniveau erreicht hatte.

So viel Luxus konnten sich die Einheimischen freilich nicht jeden Tag leisten. Irgendwo im Dunkel der Gänge liegt noch eine vergilbte Getränkekarte aus diesen Zeiten. Eine mondäne Dame, Typ Friedrichstadtpalast, wirbt im Pop-Art-Design für Speisen und Getränke. Gereicht wurden sie zu Veranstaltungen, die unter dem Etikett »Jugendtanz« firmierten. Eine Flasche Rotkäppchen-Sekt kostete 18,50 Mark, den ungarischen Weißwein »Grauer Mönch« gab's für 11 Mark – stolze Preise, gemessen am Lohnniveau der Deutschen Demokratischen Republik. Immerhin: Das Schweinesteak mit Salatgarnitur schlug nur mit 2,85 Mark zu Buche.

Nach der Wende blieb die Küche kalt, und schon seit den 1990er Jahren regt das Ballhaus weniger die Phantasien der Nachtschwärmer als die

Spuren der letzten Party: Relikte in der Nachtbar

Einst gesellschaftlicher Mittelpunkt Grünaus: Der große Veranstaltungssaal

der Projektentwickler an. Doch jedes Mal begann ein zähes Tauziehen mit den Denkmalschützern: Welche Teile sind in den Neubau zu integrieren? Reicht es, dass die Fassade an den früheren Glanz erinnert? Oder müssen auch die Nachtbar und das Freimaurerzimmer erhalten bleiben?

Die Pläne zerfielen alle – wie auch das Gebäude selbst. Das Dach wird immer undichter, muffige Strohmatten an der Decke modern dort, wo der Stuck schon den Gesetzen der Schwerkraft gefolgt ist. Der einstige Park überwuchert. Nur der Blick auf den Fluss ist immer noch der gleiche. An seinem Ufer liegt der einstige Vergnügungsdampfer. Gestrandet, vergessen – aber noch nicht abgewrackt.

Vorige Doppelseite: In mondänem Lila präsentiert sich die Garderobe

Die Spur der Küchenkommissare

Bärenquell-Brauerei

Die Akten haben alles überdauert: den Mauerfall und die Währungs-union, die Wiedervereinigung und die Treuhand-Ära. Und auch, nachdem ein Konzern aus dem Westen die Brauerei am Rande Berlins übernom-men hatte, blieben die Ordner dort, wo sie schon immer gewesen waren: im kleinen Betriebsratszimmer im zweiten Obergeschoss. Dort stehen sie noch heute. Denn als die Brauerei vor über zehn Jahren geschlossen wurde, hatte niemand Interesse an den Akten des Betriebsrates.

Feucht und etwas stockig ist das Papier geworden. Beim Blättern macht sich ein ganz besonderes Gefühl zwischen den Fingern bemerkbar: Man spürt, dass hier seit Jahren niemand etwas nachgesehen hat. Die Blätter riechen muffig, Büroklammern und die Bügel der Ordner haben

Nutzlos gewordene Technik: Reste der Brauerei-Einrichtung

rostrote Spuren hinterlassen. Man liest und taucht ein – tief in den Betriebsalltag eines Unternehmens im kleineren deutschen Staat. Denn auch das Banale fand Einzug in die Aktenberge, die die DDR hinterließ.

Da ist zum Beispiel der Ordner der Küchenkommission. Während man sich zwischen Rostock und Plauen fragte, wie das mit dem Überholen ohne einzuholen gemeint war, ging es hier um die handfesten Probleme des Alltags. So gab die Kommission am 2. Juni 1987 gleich mehrere gravierende Kritikpunkte zu Protokoll: Erstens lasse die Freundlichkeit der Köche zu wünschen übrig. Zweitens sei das Essen nach 12.30 Uhr nicht mehr warm genug – trotz Wärmeplatte. Und drittens gebe die Sauberkeit des Bestecks Anlass zur Kritik. Immer-

Verlassen: Die einstigen Lagerräume

hin habe sich die Qualität der Speisen in der letzten Zeit verbessert. All dies wurde verfasst, gelesen und abgezeichnet von sechs Kolleginnen und Kollegen – und ordentlich abgeheftet. Zwischen Hunderten ähnlicher Protokolle. Damit die Tätigkeit der Küchenkommissare für alle Ewigkeiten dokumentiert ist.

Auf diese Weise wurde ein Stück Sozialgeschichte festgehalten, das einen Einblick in den Alltag einer der Brauereien gibt, die einst die Millionenstadt Berlin mit Bier versorgten – dem Grundgetränk der Arbeiterstadt, ausgeschenkt in Tausenden von Eckkneipen, ohne dass es je Kultstatus erreicht hätte. Ein Alltagsgetränk eben, ehrlich und unprätentiös.

Während sich außerhalb Berlins vor allem die berüchtigte Weiße mit Schuss einen Namen machte, ging vor Ort der Trend schon bald zum herben, untergärigen Bier. Das Brauverfahren war aufwendiger, was die Bildung großer Braukonzerne beschleunigte. Einen davon gründete Max

Vorige Doppelseite: Nur leere Flaschen erinnern an die Marke »Bärenquell«

Meinert in den 1880er Jahren in Schöneweide. Für seine Borussia-Brauerei ließ er prachtvolle Backsteinbauten errichten. Doch schon 1898 endete diese Epoche, und die Brauerei in der Schnellerstraße wurde zur Abteilung IV unter dem Dach des Bier-Giganten, der seit 1853 den Berliner Biermarkt aufrollte: Schultheiss. 1955 trennte sich die DDR vom bürgerlich belasteten Namen, Schultheiss wurde fortan Inbegriff der West-Berliner Bierseligkeit. In Schöneweide floss nun ein Bier namens Bärenquell in die Pfandflaschen, und nicht weit davon entfernt füllte die Brennerei Bärensiegel Hochprozentiges ab. Bärenquell und Bärensiegel bildeten die Corporate Identity des ostdeutschen Herrengedecks.

Bis 1989 war die Brauerei Betriebsteil des Getränkekombinats Berlin und stieß 600 000 Hektoliter aus. Nach der Wende braute der Henninger-Konzern bis 1994 an altem Ort und mit bewährtem Namen weiter. Seither führen Bierliebhaber den Namen Bärenquell auf der bundesweiten Liste der verschwundenen Brauereien – zwischen Bärenbräu aus Schwenningen und Balbach Edel-Pils aus Biedenkopf.

Während mit vielen der Biermarken auch die Brauereien verschwanden, wurden die Reste der Bärenquell-Brauerei zum vergessenen Ort im Berliner Osten. In den großen Gärbottichen mischen sich Staub und Tropfwasser. Quadratmeterweise bedecken rostige Kronkorken den Betonboden. Dazwischen Etiketten mit der Aufschrift »Bärenquell – Berliner Pilsner Spezial« – Etiketten, die nie in die Hand eines durstigen Biertrinkers kamen.

Fabrikhof-Romantik

In den Büros biegen sich die Regalbretter unter der Last der Vergangenheit. Ein Stapel Fotokopien ist schon herausgerutscht. Säuberlich zusammengetackert liegen ganze Ausgaben einer Braufachzeitung auf dem feuchten Boden, Seite für Seite vervielfältigt und im Betrieb verteilt. »Brauwelt« heißt das Periodikum – ein Fachmagazin aus der Bundesrepublik. Denn die Entwicklungen im Brauereisektor West waren auch für die Brauerei Ost wichtig. Schließlich wurde ein großer Teil des Ausstoßes in die Bundesrepublik verkauft – flüssiges Gold gegen harte Devisen. Leere Kartons

Bierforschung: Proben von Braugerste und die Überreste des Brauerei-Labors

mit der Aufschrift »Product of the German Democratic Republic« lagern noch in einem Nebenraum. Als Billigbier mit Phantasienamen landete es in den Dosen und Einwegflaschen der Discounter. Vermutlich ahnten nur wenige westliche Trinkhallenstrategen, die mit der Bierbüchse in der Hand über »die da drüben« herzogen, dass sie soeben wieder ein paar Pfennig West in den Osten transferiert hatten.

Um im Wettbewerb bestehen zu können, arbeiteten die Braumeister im hauseigenen Labor an der Qualität ihres Erzeugnisses. Ihr einstiger Arbeitsplatz weckt heute noch Erinnerungen ans Schullabor und an den Tag, als der erste Chemiebaukasten unterm Weihnachtsbaum lag: braun gefliese Experimentiertische, Glaskolben auf Dreifüßen, ganze Batterien an Reagenzgläsern im Trockenregal – nur die Herren in weißen Kitteln fehlen. Geblieben ist ihr Lagerraum, der eher an Omas Vorratskeller erinnert: Proben von Braugerste in ausgespülten Marmeladengläsern und Regale voller Bügelflaschen, versehen mit liebevoll beschrifteten Etiketten. Bierproben für die Nachwelt.

Die meint es freilich nicht gut mit den Resten der Brauerei. Große Teile der Labors sind zerstört. Die Sudkessel sind verkauft, verschrottet, verschwunden. Immer wieder brennt es in den Ruinen. Die Großküche gleicht einem Trümmerfeld. Scherben knirschen unter den Sohlen, Herde liegen ausgeweidet zwischen Wänden mit geborstenen Fliesen. Nur die Akten der Küchenkommission – sie überdauern.

Die Trasse im Niemandsland

Siemensbahn

Nur ein Ring ist geblieben. Ein rostiger Ring, rund fünfzig Zentimeter im Durchmesser. Der Rest der Bahnhofsuhr ist verschwunden – vor allem das, was eine Uhr zur Uhr macht: die Zeiger und das Ziffernblatt. Die Zeit wird diese Uhr nie wieder anzeigen. Aber das stört hier niemanden. Hier ärgert sich niemand mehr über verspätete Züge. Hier spielen Minuten und Sekunden keine Rolle. Hier gibt es keine Fahrpläne mehr. Denn seit knapp dreißig Jahren ist am S-Bahnhof Wernerwerk kein Zug mehr abgefahren. Auch die Haltestellen Siemensstadt und Gartenfeld tauchen in keinem Fahrplan mehr auf. Im September 1980 rumpelten die letzten

Zeitlos: Seit 1980 hat an der Station Siemensstadt kein Zug gehalten

Waggons über die Gleise der Siemensbahn im Berliner Nordwesten. Nach 51 Jahren war Schluss.

Es war ein Sterben auf Raten gewesen. Denn die Siemensbahn war ein Relikt aus der Zeit, in der Berlin eine Stadt der Großindustrie war. Siemens & Halske, eines der wichtigsten Unternehmen, verlagerte in den 1920er Jahren sein Hauptwerk an den Stadtrand – fernab des damaligen S-Bahn-Netzes. Dort konnte der Konzern zwar seine Produktionsflächen erweitern, die Arbeiter lebten aber weiterhin in Kreuzberg oder Moabit. Damit die Belegschaft trotzdem pünktlich zur Arbeit kam, griff Siemens tief in die Tasche und baute weitgehend in Eigenregie und größtenteils auf eigene Rechnung die 4,5 Kilometer lange Strecke. Während

Treppe ins Nichts: Der Ausgang ist vermauert

Siemens die Strecke und Bahnhöfe baute, übernahm die Reichsbahn den Betrieb. Dass Konzernchef Carl Friedrich von Siemens Präsident des Verwaltungsrates der Reichsbahn war, kam dem Projekt entgegen. 1929 fuhren die ersten Züge – über eine Strecke, die zu großen Teilen über Werkgelände führte. Und zu einem Viertel, das den Namen Siemensstadt erhielt. Doch nach Krieg und Teilung war alles anders. Siemens verlegte seinen Hauptsitz nach München, und die Bahn verlor an Bedeutung. Wo früher bis zu 17 000 Arbeiter pendelten, stiegen am Ende nur noch ein paar Dutzend Fahrgäste in die gelb-roten Wagen.

Auch politisch passte die Bahn schon lange nicht mehr in die Zeit. Schließlich fuhr die gesamte Berliner S-Bahn unter der Regie der Reichsbahn der DDR. Seit dem Mauerbau galt daher jedes im Westen gekaufte S-Bahn-Ticket als unerwünschter Devisentransfer gen Osten. »Keinen Pfennig mehr für Ulbricht« oder »Jeder West-Berliner S-Bahn-Fahrer bezahlt den Stacheldraht« hießen die Parolen. Die BVG begann, Buslinien als Konkurrenz zur S-Bahn aufzubauen – und grub schließlich neue

U-Bahn-Linien in den Boden und damit der S-Bahn die Kundschaft ab. Parallel zur Siemensbahn entstand die U7. Und als 1980 West-S-Bahner gegen die schlechten Arbeitsbedingungen bei der Ost-Bahngesellschaft streikten, zog die Reichsbahn Konsequenzen: Mehrere Linien verschwanden vom Fahrplan. Eines der Streikopfer war die Siemensbahn.

Seither verrosten die Gleise. Die Brücke über die Spree wurde dem Spreeausbau geopfert. Und dort, wo noch Schienen liegen, erlebt man auf wenigen Quadratmetern eine surreal anmutende Ungleichzeitigkeit. Denn Geisterbahnhof und Geisterbahn liegen nicht in einer Geisterstadt. Nur wenige Meter unter dem toten Gleis der Eisenbahnbrücke, die über den Siemensdamm führt, herrscht dichter Autoverkehr. Im Schatten der Pfeiler werden Fahrräder abgestellt, Gebrauchtwagen angepriesen und Bratwürste verkauft. Das Leben in der Vorstadt tobt. Nur nicht ein paar Meter weiter oben auf dem Bahndamm. Er gehört der Natur.

Aus dem Schotter wachsen Büsche. Zweige ragen weit in die Trasse hinein. Der Begriff Großstadtdschungel bekommt eine ganz eigene Bedeutung. Und mitten im anarchisch wuchernden Gestrüpp trotzt die Ingenieurskunst der Biologie. Die Gleise rosten, die Schwellen faulen – aber ihr Raster stimmt noch exakt mit den Plänen überein, die vor über achtzig Jahren auf dem Reißbrett gezogen wurden. Wer auf der Strecke läuft, schreitet mit gleichförmigem Schritt von Bohle zu Bohle. Als Streckengänger im Niemandsland. Nur in der Nähe eines Wohnblocks wird

Außer Betrieb: Stück für Stück zerfallen die technischen Anlagen

Werbung ohne Kunden: Plakat an der Station Siemensstadt

die Monotonie unterbrochen. Zwischen dem Grün schimmern Flaschen und Dosen, ganze Packen nie ausgetragener Werbezeitungen modern vor sich hin. Daneben liegen Spritzen und aufgequollene Stofftiere. Es sind Relikte, die ganz andere Geschichten erzählen. Geschichten, die man gar nicht näher kennenlernen will.

»Nächster Halt: Siemensstadt« – diese Durchsage hörte schon lange niemand mehr. Stattdessen kündigen bemooste Bahnsteigreste, rostige Lampen und Signale die nächste Station an. Wie eine Tempelruine im Regenwald taucht der nächste Geisterbahnhof aus dem Dickicht auf. Gespenstische Ruhe liegt zwischen den toten Gleisen, aus der Asphaltdecke sprießen Birken. Die Wartehäuschen sind vernagelt, die Abgänge zur Straße hin vermauert. Dahinter ist die Zeit konserviert. Über der Treppe wirbt ein Herrenausstatter mit einem blassen Berliner Bär auf rissigem Grund – ein Relikt aus dem Freilichtmuseum der Reklame. An einer Anschlagtafel hängt ein Streckenplan aus den späten 1970ern. Man steht mitten in einer Zeitblase. Und auch hier hat die Uhr keine Zeiger.

Vorige Doppelseite: Die Natur setzt sich durch, der Bahnsteig überwuchert

Die Toteninsel des Staubes

Futtermittelwerk Rüdersdorf

Wie sieht eine Landschaft aus, aus der jedes Leben verschwunden ist? Wie muss man sich die Welt nach dem letzten großen Krieg der Menschheit vorstellen? Wie könnten die Reste der Zivilisation aussehen, wenn es diese nicht mehr gibt? Wenn sich ein Filmarchitekt diese Welt ausdenken sollte – das Ergebnis würde ungefähr so aussehen wie das ehemalige Futtermittelwerk in Rüdersdorf.

Braun ist das Wasser des Kriensees, begradigt ist das Ufer, und über der Böschung erheben sich die Gerippe der Industrieanlagen. Das stille Wasser schirmt die Ruine hermetisch ab – wie eine Toteninsel, zu der der Reisende auf seinem letzten Weg übersetzen muss. Statt einer Fähre führt eine Brücke auf die Halbinsel. Doch die Brücke ist vergittert, und auch schon vor der Sperre ist das Leben verschwunden. Das letzte Gasthaus am Ufer ist seit Jahrzehnten verlassen, die benachbarten Wohnhäuser ebenfalls. Die an die Fabrik angrenzende Siedlung hat die gleiche Farbe angenommen wie das Werk selber. Es ist eine Landschaft aus verblichenem Graubraun, in der sich das Grün der Bäume und Büsche zaghaft zurückhält. So zaghaft, als ob es seine Anwesenheit rechtfertigen müsste.

Dass die Brücke einst von Tausenden von Menschen am Tag passiert wurde, ist nur schwer vorstellbar. Menschen, die auf dem Rückweg von der Arbeit vielleicht noch einen Schluck im angrenzenden Gasthof einnahmen und dann in die umliegenden Dörfer strömten. Bis Ende 1999 war dies so – bis ein Stück Industriegeschichte endete, die in den 1940er Jahren begonnen hatte.

Dieses Stück Industriegeschichte passte freilich nicht ganz zu dem, wofür Rüdersdorf sonst berühmt war. Denn die Gemeinde östlich von Berlin stand für eines der beiden großen Löcher, aus denen seit dem 18. Jahrhundert die preußische Metropole gewachsen war: Während aus Glindow im Havelland der Ton für die Backsteine der Mietskasernen, Verwaltungsbauten, Schulen und Krankenhäuser kam, wurde in Rüdersdorf Kalk gebrochen – Kalk, der zu repräsentativen Gebäuden verarbeitet

Kathedrale der Agrochemie: Das Werk Rüdersdorf

wurde. Die Quader des Reichstagsgebäudes stammen ebenso aus den
Rüdersdorfer Gruben wie die, aus denen der Berliner Dom wuchs. Ende
des 19. Jahrhunderts trieb eine andere Entwicklung die Rüdersdorfer
Industrie voran: Aus Kalk wurde jetzt Zement. Und spätestens zu DDR-
Zeiten wurde Rüdersdorf zu einem der wichtigsten Produzenten für Ost-
Zement, den Rohstoff der Plattenbauten.

Die Rüdersdorfer Kalksteinbrüche gibt es bis heute, an ihre Geschichte
erinnert ein Freilichtmuseum. Das Stiefkind nebenan verwittert: der Ort,
an dem Rüdersdorfer Kalk mit Phosphor vermengt und zu Futterphosphat
verarbeitet wurde. Als Betriebsteil des VEB Chemiewerk Coswig, der
wiederum ein Kombinatsbetrieb im VEB Kombinat Agrochemie Piesteritz
war, stellte das Rüdersdorfer Werk Kunstfutter her. In den Mastbetrieben
der Landwirtschaftlichen Produktionsgenossenschaften sorgte es dafür,
dass die DDR zum Stolz der Funktionäre Weltniveau beim Pro-Kopf-
Fleischverzehr erreichte. Und auch im Westen leistete das Produkt mit
dem Namen »Rükana« seinen Beitrag zu schnell wachsenden Schweinen

Vorige Doppelseite: Staub und Trümmer strahlen Endzeitstimmung aus

und billigen Schnitzeln beim Metzger – und besserte nebenher die Devisenbilanz auf.

Geblieben ist davon nur der Staub. Er weht von den Kalkbrüchen über die verlassene Anlage und wirbelt durch die halbzerstörten Silos und Hallen. Jeder Fußabdruck zeichnet sich auf den Betonböden ab. Wer durch die Reste der Rüdersdorfer Fabrik läuft, kann seine Spuren schwer verbergen. Und die Wege sind weitläufig. Sie führen durch leere Hallen, so groß wie Kathedralen. Zu Silos, die wie unübersehbare Landmarken im Gelände stehen. In die endlosen Fluchten leergeräumter Bürogebäude. Es sind einsame Gänge durch ein Monument der Agrarindustrie, ein Denkmal aus Beton. Denn außer Beton ist nichts übrig geblieben. Gebäude, Türme und Treppen wirken wie das Gerippe einer verschwundenen Zivilisation. Jedes Glas ist zerbrochen, jedes Stück Stahl wurde geplündert. Die Fabrik ist ein gigantisches Skelett. Eine bizarre Skulptur, die in den Himmel ragt. Gekrönt von zwei Schornsteinen, die sich nutzlos in die Höhe recken.

Die endlosen Fensterreihen verbreiten Endzeitstimmung. Es ist kein Zufall, dass gerade hier ein Film gedreht wurde, der die Schlacht um Stalingrad in Szene setzte. Die Trostlosigkeit der Ruinen verkörpert Lebensfeindlichkeit in ihrer Urform. Ein Ort, von Menschen, aber nicht für Menschen gebaut.

Es ist ein Paradoxon, dass ausgerechnet eine Fabrik, deren Produkte das Wachs-

Der Abriss hat begonnen

tum von Organismen beschleunigen sollten, diese Stimmung ausstrahlt. Doch schon zu VEB-Zeiten stand das Rüdersdorfer Werk stellvertretend für den Umgang der realsozialistischen Wirtschaft mit der Natur, für einen Staat, der das Beherrschen der Naturgesetze über alles stellte. »Stummfilm für einen Freund« heißt ein Buch von Bernd Knebelmann, das im Rüdersdorfer Futterwerk spielt. Von 1971 bis 1983 arbeitete der

Ungesunde Färbung: Wasserbecken neben den Silos

Autor selber als Chemiker in Rüdersdorf – »jener hinter Industrienebel, dreckverkrusteten Fassaden, Schlammbergen und graugefärbten Baumskeletten versteckten Chemiefabrik«, wie es Joachim Walther im Nachwort zum Buch ausdrückt. »Die Sonne, so oft beschworen als Symbol des lichten Fortschritts hin zum Kommunismus, schwamm fahl hinter einer Staubfahne, die flog, wohin der Wind sie blies.«

Die DDR verschwand, der Schmutz blieb. Bis Ende 1999 wurde in Rüdersdorf gearbeitet, auf den schmutzig grauen Böden des Verwaltungsgebäudes liegen noch heute Wiegekarten, auf denen der VEB Chemiewerk Coswig, Betrieb Rüdersdorf als Empfänger für Kalk genannt wird. Ausgefüllt im Mai 1991. Als das Werk dann endgültig schloss, war der erste Umweltskandal nur eine Frage der Zeit. Salpeter-, Salz- und Schwefelsäure lagerten ungeschützt auf dem Gelände, und aus rostigen Fässern sickerte das Öl in den Boden.

In den Kellern unter den nutzlos gewordenen Hallen riecht es bis heute nach Öl. Schmierige Substanzen kleben auf dem Boden. In einem Betonbottich steht Wasser – grellgrün, so natürlich wie Waldmeistergrütze. Eine Farbe gegen die das Grau des Betons fast schon beruhigend wirkt.

Der Plattenbau der Sehnsucht

Wohnheim Gehrenseestraße

Geometrisch, rational und alles nach Plan. Nach Plan produziert, nach Plan zusammengebaut. Nach Plan bewirtschaftet und belegt. Ein Plattenbau in der Gehrenseestraße in Hohenschönhausen. Ein Plattenbau im tiefsten Osten der Stadt. Ein Plattenbau, der seine Zukunft hinter sich hat und auf den Rückbau wartet.

Endlos lang sind die Korridore. Die meisten Türen fehlen. Zimmer reiht sich an Zimmer. Dazwischen die Reste von Gemeinschaftsbädern, Gemeinschaftsduschen, Gemeinschaftstoiletten und Gemeinschaftsküchen. Zerschlagenes Porzellan, zersplitterte Spiegel, zertrümmerte Armaturen. Dazwischen hängen noch ein paar der kleinen Ablagen, auf denen gerade mal eine Kochplatte Platz fand. Auf einem halben Quadratmeter plastebeschichteter Spanplatte köchelten hier Gerichte, die den Geruch der Heimat durch die langen Flure wehen ließen.

Spielplatz-Tristesse im Innenhof

Denn die Bewohner der Platte in der Gehrenseestraße waren keine gebürtigen Berliner. Sie waren auch keine Thüringer oder Mecklenburger, die es in die Hauptstadt der DDR verschlagen hatte. Oder treue Genossen, die mit fließend Wasser und Zentralheizung aus den Altbauquartieren heraus an den Stadtrand gelockt worden waren. Hier lebten Vertragsarbeiter, die ihr Glück in der DDR suchten. Sie kamen aus Vietnam, aus Angola, Mosambik und Kuba, denn das Leben im ostdeutschen Bruderstaat versprach ein bisschen mehr Wohlstand. Und so suchten auch Akademiker aus Asien oder Afrika ihr Glück im Gleisbau für die Deutsche Reichsbahn. Doch die internationale Völkerfreundschaft kannte ihre Grenzen – auch in Hohenschönhausen. Die Bewohner wurden überwacht, Kontakte mit Einheimischen waren untersagt. Von der verglasten Pförtnerloge im

Blümchen und Scherben: Seit 2003 verfällt das ehemalige Vertragsarbeiterheim

Erdgeschoss aus wurde genau registriert, wer das Haus besuchte, wer wann kam und wer wann ging. Und während rundum die Scherben bei jedem Schritt knirschen, ist das Glas zum Überwachungsraum bis heute intakt.

Die letzten Bewohner verließen das Haus im Jahr 2003. Mittlerweile sickert Wasser durch die Decke und bahnt sich durch das Treppenhaus seinen Weg bis ganz nach unten. Auf dem Fußboden bilden sich kleine Seen. Aus der Pfütze ragt eine Insel: die Reste einer Zimmertür. Die leeren Betonwände reflektieren die Tropfgeräusche. Sie erinnern an Schritte, an Bewegungen. An Menschen, die leisen Schrittes durch die Gänge eilen, die Treppen hinauf- und hinabgehen oder Türen ins Schloss fallen lassen. Doch das Gebäude ist leer. Obwohl die Haustüre weit offen steht.

Die letzte Fahrt des Aufzugs endete im obersten Stock. Dort hängt er schief im Schacht. Vom Betreten wird dringend abgeraten. Der Wind weht durch unzählige zerbrochene Scheiben. Durch über tausend Räume mit je einem Fenster und einer Balkontür. Einer Balkontür, hinter der sich statt eines Balkons nur ein Gitter befindet. Denn die Bauherren des Vertragsarbeiterheims griffen zwar auf die genormten Platten mit Balkontür zurück, verzichteten aber auf die Balkons. Für die Gäste aus den Bruderstaaten mussten die rund 15 Quadratmeter ohne Ausgang ins Freie reichen. 15 Quadratmeter mit Blick auf den nächsten Plattenbau, den Innenhof oder ein Gewerbegebiet. 15 Quadratmeter Ostdeutschland.

Die DDR ging, die von ihr geholten Menschen blieben – und mit ihnen die Enge in der Platte. Tristesse, Armut und die Angst vor Abschiebung bildeten in den 1990er Jahren eine explosive Mischung. Aus Vertragsarbeitern ohne Perspektive wurden Zigarettenschmuggler. Menschen ohne Aufenthaltserlaubnis versteckten sich in der Anonymität der tausend Wohnungen – so lange, bis die Behörden wieder Zugangskontrollen einführten. Die Freiheit der Nachwendejahre hatte in der Gehrenseestraße 1995 ihr Ende.

Wie lebte es sich in dieser Atmosphäre? An den fleckigen Wänden der Zimmer hängen die Reste hilfloser Versuche, etwas Individualität zu zaubern: grelle Tapeten, die heute einen surrealen Hintergrund für Graffiti bilden. Pin-ups als stumme Zeuginnen der Einsamkeit. Starposter, die einen Hauch von Glamour in die Tristesse bringen sollten. Und der Titel auf einem Filmplakat mit Sean Penn und Jennifer Lopez sagt mehr als tausend Worte: »Kein Weg zurück.«

Kein Weg zurück: Das Plakat blieb

Auf dem überwucherten Hof liegen die Reste eines Stereokassettenrekorders. Mit zwei Tapedecks zum Kopieren kopierter Kopien. Daneben wuchert Gras aus den Betonritzen. Unvermittelt sticht ein Farbklecks aus den grauen Fassaden hervor. In seiner grellen Buntheit scheint er nichts an diesem Ort verloren zu haben: Knallblau und knallrot ist das Kinderklettergerüst lackiert. Seine

Spanplatten werden langsam morsch. Die Holzbretter auf den Sitzbänken am Rande des Spielplatzes sind bereits verschwunden. Hier saßen einmal Mütter, während ihre Kinder spielten. Auf dem bunten Gerüst im Tal der grauen Betonwände.

Gemütlichkeit sieht anders aus. Das hatten auch die Betreiber der Kellerbar erkannt und den urdeutschen Begriff auf ihre Weise interpretiert. »Zur Kellerklause« steht in verschnörkelter Schrift an der Wand des Treppenhauses, und ein paar Meter weiter unten breitet sich die Gemütlichkeit in ihrer ganzen Brutalität aus: ein gemauerter Blumentrog, Butzenscheiben über den Deckenlampen und dunkel gebeiztes Mobiliar. Altdeutsch rustikale Atmosphäre im Plattenbau – wer hier einkehrte, war zumindest ästhetisch im Westen angekommen. Aber das wollten ja irgendwie alle, die nach der Wende noch in der Gehrenseestraße lebten. Und das machten sie auch mit ihren Mitteln deutlich. An der Tür einer dunklen Kellerwohnung klebt ein Aufkleber, der mal für Zigaretten warb: »Ich hab den West-Test gemacht.« Wie der Test ausfiel? Auf jeden Fall klebt daneben ein Sticker mit einem mehr als deutlichen Bekenntnis: »CDU«.

Vorige Doppelseite: Fast keine Scheibe des Plattenbaus blieb ganz
Freizeit rustikal: Im Untergeschoss gab's eine Kneipe

Die Klinik ohne Spuren

Heilstätten Hohenlychen

Die letzten Bewohner haben ganze Arbeit geleistet. Keine Toilettenschüssel blieb zurück. Kein Waschbecken. Und auch dort, wo früher Heizkörper hingen, sieht man nur noch die Farbstreifen an der Wand – Spuren von Malerarbeiten, die nur die Spalten zwischen den Röhren abdeckten. Was in den Räumen und Gängen einst für Hygiene oder Wärme sorgte, tut seinen Dienst jetzt anderswo. Irgendwo in der einstigen Sowjetunion. Dort, wohin die letzten Nutzer sich zurückzogen, als die Rote Armee 1993 das Militärkrankenhaus in Hohenlychen räumte.

Zurück blieb nur die Leere endloser Gänge. Der stockige Geruch unter undichten Dächern. Der vom Regenwasser aufgeworfene Linoleumboden, der bizarre Wellen schlägt. Wellen, die an den Lauf der Geschichte erinnern, die einen in diesen Heilstätten auf Schritt und Tritt verfolgt.

Eine Klinik für den Sport: Hohenlychen

Dabei sind die Heilstätten Hohenlychen keiner der Orte, die ihren festen Platz in den Geschichtsbüchern haben. Sie sind mehr ein Ort der Fußnoten. Und so wie Fußnoten in historischen Aufsätzen oft erhellende Details preisgeben, liefern auch die Geschichten aus Hohenlychen Mosaikstückchen zum Bild des großen Ganzen. In Hohenlychen zeigt es sich in seiner ganzen Grausamkeit.

Dabei hatte alles ganz

harmlos angefangen. 1903 gründete der Arzt Dr. Gotthold Pannwitz in Hohenlychen eine Kinderheilstätte zur Bekämpfung der Tuberkulose. Die Luft war gut, und Platz für Bewegung in der Sonne gab es reichlich. Spenden finanzierten den Bau, und 1911 verschaffte sich sogar Kaiserin Auguste Victoria ein Bild von der Einrichtung, in der die weniger Begüterten ihrer Untertanen gepflegt wurden.

Nachdem das Thema Tuberkulose in den 1920er Jahren nicht mehr vordringlich war, verlagerte sich der Schwerpunkt: Hohenlychen wurde zum Zentrum für Sportmedizin und Arbeitsschäden. Damit war der Grundstein für seine Zukunft als Reichssportsanatorium gelegt, und ab 1935 wurden die Heilstätten zu dem Ort, an dem das Deutsche Reich seine Athleten fit für Olympia 1936 und somit für die Illusion der friedlichen Spiele unterm Hakenkreuz machte. Nationaltrainer Otto Nerz schwärmte sogar von einer denkbaren »Hohenlychen Nationalmannschaft«. In Anbetracht der zahlreichen Spitzensportler, die dort ein und aus gingen, würde diese Mannschaft in der Lage sein, alle wichtigen Fußballteams der Welt zu bezwingen, so Merz.

Dieser Ruf lockte auch die oberste NS-Prominenz in die Uckermark.

Aus der ersten Bauphase: Laubengänge verbinden die Klinikgebäude

Trockengelegt: In der Schwimmhalle wurde für Olympia 1936 trainiert

Hier war Hitler zu Gast. Hier kurten Himmler und Heß. Hierher lud man die Repräsentanten befreundeter Staaten zur Sommerfrische ein – dem Bürgermeister von Tokio soll es sehr gefallen haben. Und hier endete auch eine der kuriosesten Geschichten, die sich am Rande der Olympiade von 1936 abspielten. Denn in Hohenlychen wurde 1938 der Hochspringerin Dora Ratjen endgültig attestiert, dass sie in Wirklichkeit ein Mann war. Ihre Goldmedaille musste sie danach abgeben.

Über all das ist Gras gewachsen. Meterhoch. Mühsam bahnt man sich heute seinen Weg durch das weitläufige Areal, vorbei an türmchengekrönten Villen und herrschaftlichen Kurhäusern. Daneben ragen die Bauten der NS-Zeit aus dem Gestrüpp: Statt Giebeln, Erkern und Veranden bestimmt hier strenge Symmetrie das Äußere. Fast verloren steht am Rande des Geländes die kleine Kapelle. Dafür wurde sie als einziges der Gebäude saniert. Ein Drahtzaun trennt das stolz präsentierte Kleinod vom Rest der verfallenen Anlage ab.

Die Ruhe ist irritierend, surreal wirkt die verglaste Schwimmhalle ohne Wasser. Und man muss es sich in Erinnerung rufen, dass hier auf Leistung gedrillt wurde. Für den Kampf um Sekunden. Für den Beweis, dass die vermeintliche »arische Rasse« auch sportlich überlegen sei.

Doch Hohenlychen ist ein Ort, an dem keine Spuren hinterlassen wurden – fast keine. Auch nicht im allerdunkelsten Kapitel seiner Geschichte. Denn die Ärzte aus Hohenlychen betreuten nicht nur Läufer, Springer

und Schwimmer, sie experimentierten auch im nahe gelegenen KZ Ravensbrück mit Menschen. Mit Splittern fügten sie ihnen Wunden zu, um ein unwirksames Mittel gegen Infektionen zu testen. Die Versuche fanden selbstverständlich nicht im Sanatorium statt. Im Kleinod mit Seeblick machte man sich nicht die Hände schmutzig. Nur eine verräterische Kiste blieb zurück. In dieser hatte einer der Hohenlychener Ärzte seine Forschungsergebnisse verstaut, die er im KZ Neuengamme mit Menschenversuchen gewonnen hatte. Nach dem Krieg, so hoffte er, könne er sie für seine Habilitation verwenden. 1964

Treppe abwärts

wurde die Kiste auf dem Gelände der Heilstätten ausgegraben – und verschaffte dem Mediziner lebenslange Haft in Bautzen.

Die Türen, hinter denen die Ärzte ihre Experimente auswerteten, hängen noch heute in ihren rostigen Angeln. Gespenstisch schlagen sie auf und zu, wenn der Wind durch das weitläufige Treppenhaus mit seinen gewundenen Stiegen fährt. Es knarrt und hallt durch die Gänge, als ob sie alle noch da wären: die Ärzte, die Sportler, die NS-Größen und ihre Verbündeten.

Doch sie hinterließen nichts. Nur von den Sowjets findet man ein paar Spuren. Zwar nahmen diese Waschbecken und Heizkörper mit, ein paar bizarre Erinnerungsstücke blieben aber zurück. Von den Türen der Kinderstation lachen Märchenfiguren oder Hase und Wolf, die Klassiker der sowjetischen Zeichentrickserie »Nu, pogodi«. Eine Tür weiter grüßt überraschend Donald Duck, die Ente des Klassenfeinds. Und in einer engen Dachkammer hat einer der letzten Bewohner seine ganz private Schatzsammlung zurückgelassen: Dutzende winziger Bananenaufkleber. Chiquita, Dole und Onkel Tuca hatten auf abenteuerliche Weise ihren Weg in den Osten gefunden.

Vorige Doppelseite: Die Gründerzeit-Gebäude wachsen langsam zu

Freizeitzentrum in der Alten Brauerei

Schmale Gänge. Unbeleuchtete Flure. Enge Treppen. Durchlässe, in denen kräftige Männer kaum Platz für ihre Schultern haben. Wege, die ins Dunkel führen. Wege, die plötzlich enden. Und nie weiß man genau, auf welcher Etage man gerade ist. Zu viele Treppen. Zu viele Stufen. Zu wenig Fenster. Denn die sind seit Jahren vermauert oder mit Brettern vernagelt.

Urängste werden wach, wenn man durch die Ruinen des verwinkelten Baus in Friedrichshain streift. Es ist die Angst vor Dunkelheit und Orientierungslosigkeit. Als der Künstler Gregor Schneider in den 1980er Jahren diese menschlichen Beklemmungen in Szene setzen wollte, schuf er sein »Haus ur«, ein altes Mietshaus, dessen Räume er verdunkelte, in das er Zwischenebenen einzog und dessen Treppen er ins Leere laufen ließ.

Fahles Licht: Nur durch Ritzen gelangt Sonne in das Freizeitzentrum

Federball nach Feierabend: Seit 1952 wurde hier Sport getrieben

Es ist ein Haus, das die Seele gefrieren lässt. Ein Haus, das keine Geborgenheit bietet. Ein Haus, das verstört.

Für das Berliner Pendant zum »Haus ur« brauchte es keinen Künstler. Und seine Erbauer hatten auch alles andere als Angst und Beklemmung im Sinn, als sie Zwischendecken legten, Trennwände setzten und Nebentreppen einbauten. Im Gegenteil. Denn sie arbeiteten an einem Freizeitzentrum à la DDR. Seit 1952 hatte sich hier die Betriebssportgemeinschaft »Empor Brandenburger Tor« eingerichtet. Werktätige mehrerer Betriebe – von der Großhandelsgesellschaft Molkerei, Eier, Fleisch über das Holzkontor Groß-Berlin bis zum VEB Kohlehandel Berlin – hatten sich in ihr zusammengeschlossen. Und die Mitglieder der BSG legten sich schwer ins Zeug. 278 000 Stunden arbeiteten sie an ihrem Heim. Als Hülle dienten ihnen die Reste des Böhmischen Brauhauses, einer Brauerei, in der seit Kriegsende kein Bier mehr gebraut wurde. Mit viel Improvisationstalent entstanden hier Räume zum Feiern, Kegeln, Saunieren oder Tischtennisspielen. Für jedes Hobby wurde eine Nische gezimmert – es entstand ein Palast der Nischenrepublik.

Doch die Republik verschwand, ihre Paläste wurden nicht mehr gebraucht. Und während der bekannteste abgerissen wurde, machten dem in der Alten Brauerei die Brandschutzgesetze des vereinigten Deutschland den Garaus. 1990 leistete sich der kurz danach zum »SG Empor« umbenannte Verein noch eine neue Asphaltkegelbahn, danach häuften sich die Probleme. Mal wurde das Gebäude von den Behörden geschlossen, was die Zahl der Vereinsmitglieder drastisch schrumpfen ließ. Dann wurde das Wasser abgestellt. Irgendwann funktionierte die Heizung nicht mehr. Schließlich gaben die Sportler zu Beginn des neuen Jahrtausends ihr Domizil auf und bauten ein neues Zentrum.

In der Alten Brauerei folgte nun eine Ungleichzeitigkeit auf wenigen Quadratmetern. Hinter den neoromanischen Backsteinfassaden des Hauptgebäudes zog neues Leben ein: Aus dem denkmalgeschützten Backsteinbau wurden elegante Büros und Gewerberäume. Ein paar Meter daneben aber, wo in grauen Vorzeiten mal Sud- und Maschinenhaus waren, blieb die Zeit stehen. Der einstige Biergarten ist überwuchert. Hinter der besprühten Fassade riecht es nicht mehr nach Sportlerschweiß, sondern nur noch nach Moder und Schimmel. Aus einem morschen Schrank quellen Berge leerer Formulare – Vordrucke für Spielberichte aus Zeiten, in denen es noch einen Basketballverband der DDR gab. Um alle Bögen auszufüllen, hätte die DDR gut hundert Jahre alt werden müssen. Ein gemauerter Kamin erinnert an gemütliche Abende im Kollegenkreis. Und auf dem Boden liegt noch heute das

Formulare des DDR-Basketballverbands

handgemalte Plakat einer Weihnachtsfeier aus DDR-Zeiten: Die BSG »Empor« ließ bitten, Einlass 18 Uhr. Anstelle eines Weihnachtsengels ziert eine sehr weltliche und sehr barbusige Blondine die Einladung.

Wer heute das einstige Freizeitparadies erkundet, wird zum Höhlenforscher. Ob man sich ober- oder unterirdisch befindet, ist schwer zu er-

kennen. Schließlich steigen die Ausläufer des Prenzlauer Bergs hier spürbar an, und die Erbauer der Brauerei nutzten das Gefälle geschickt aus. Mal geht es ein paar Stufen hinauf, dann wieder hinunter, mal taucht eine Tür auf, dann wieder ein paar Stufen. Der Gang macht eine Biegung, dann kommt der nächste Raum. Danach noch mal eine Tür und noch mal eine Treppe. Die Orientierung fällt schwer.

Am Rande des Irrwegs finden sich überall Spuren aus der Vergangenheit der Ruine, in der nicht nur das Sportzentrum beheimatet war. Riesige Weinregale erinnern daran, dass die einstige Brauerei ab 1952 auch das größte Weinlager der DDR beherbergte. Die Berliner Großkellerei hatte die kühlen Keller für ihre Zwecke genutzt und die Flaschen gelagert, die dann

Übrig geblieben: Reste des Gymnastikraums

als seltene Ware in die HO-Läden und zu ganz besonderen Anlässen auf die Tische der Republik kamen. Ein Lager in Berlins Mitte hatte ausgereicht, um einen Großteil des Bedarfs an gegorenem Traubensaft im Bierund Schnapsland DDR zu decken.

Einige Treppen weiter oben fällt das Kegellicht der Taschenlampe wieder auf die Relikte der Sport-Ära: die Gymnastikhalle mit einem Fitnessgerät, das sicher nie so genannt wurde. Die Kegelbahnen, in denen sich die Farbreste wie Tropfsteine von der gewölbten Decke schälen. Und die Miniatursauna, an deren Bretterwand die Saunaregeln das eiskalte Tauchbad nach dem Schwitzen empfehlen.

Ein Tauchbecken findet man jedoch nirgends. Nur ein kleines Schwimmbecken, das zwei Ebenen tiefer liegt. Durch den Raum dringt stechender Gestank, im Wasser des Bassins treiben die aufgedunsenen Überreste mehrerer Füchse. Auch sie hatten wohl mit dem Labyrinth ihre Probleme …

Vorige Doppelseite: Die Kegelbahn-Gewölbe erinnern an die alten Bierkeller

Die Geisterstadt im Havelland

Kaserne Krampnitz

Google Earth weiß alles. Der Blick aus dem All zeigt jede Straße, jeden Weg und jede Kreuzung, und auch die dazugehörigen Namen sind hinterlegt. Von der Märkstraße geht es rechts in die Bergstraße. In einem spitzen Winkel mündet die Ketziner Straße ein, nach ein paar Metern kann man in die Fahrländer Straße einbiegen. Und dann gibt es da noch den Buchenwaldplatz, die Hannoversche Straße und die Lenaustraße. Dies alles sind Adressen, die auf Briefen standen, auf Glückwunschkarten oder Traueranzeigen, auf Liebesbriefen oder Stromrechnungen, auf Einladungen oder Zeitungen. Doch hier bekommt niemand mehr Post. Seit 1994 nicht mehr.

Denn die Straßen gehören mittlerweile zu einer Geisterstadt.

Leere Platten: Hier lebten die Zivilangestellten

Wie kariöse Zähne ragen vier Wohnblocks in den Himmel. Beste Platte ostdeutscher Bauart. Die Fensterhöhlen sind leer. Ein paar Wäschestangen stehen im Hof, zwischen Disteln liegen die Reste eines Kinderwagens. Der Teer des Fußwegs kämpft gegen den sprießenden Löwenzahn an. Ein zerschmetterter Verstärker hat schon lange keine Musik mehr von sich gegeben. Eine verlassene Siedlung. Ein Ort des Verfalls, an dem einst Hunderte von Menschen lebten. Fast erwartet man, dass im nächsten Moment der letzte Überlebende eines Atomkriegs um die Ecke schleicht. Das sonnige Frühjahrswetter wirkt hier unglaubwürdig. Nur wenige hundert Meter entfernt locken Seen und Buchten die Angler und Ausflügler an. Aber hier? Tschernobyl im Havelland.

Doch es war keine Katastrophe, die die Siedlung zur Geisterstadt werden ließ. Im Gegenteil. Es war das Ende des Kalten Kriegs, das der Kaserne in Krampnitz ihre Daseinsberechtigung raubte. Fünf Jahre nach

NS-Relikte: Saal des Offizierskasinos und entnazifizierter Reichsadler

der Wende verließen die letzten sowjetischen Soldaten das Örtchen bei Potsdam – und beendeten eine Militärgeschichte, die in einer anderen Diktatur begonnen hatte. 1937 bis 1939 wurde die Kaserne nach Plänen von Robert Kisch gebaut. Sie grenzte im Süden an den Truppenübungsplatz Döberitzer Heide an, ein Gelände, das schon die preußischen Könige für Militärübungen genutzt hatten. Während sich in Döberitz die Luftwaffe auf den Zweiten Weltkrieg vorbereitete, entstand in Krampnitz zunächst die Heeres-, Reit- und Fahrschule der Wehrmacht. Doch da der Vernichtungskrieg nicht mit Pferden zu gewinnen war, wurde ab 1943 aus Krampnitz die »Panzertruppenschule II«. Sowjetische Panzer waren es freilich, die 1945 in Krampnitz einrollten, und seit April 1945 nutzten die Sieger das Gelände.

Mit der Architektur der deutschen Faschisten pflegten die Sowjets einen sorglosen Umgang. In den leeren Hallen des Offizierskasinos sprechen wuchtige Kassettendecken noch immer die brutale Rhetorik der NS-Ära. Nur der Reichsadler über dem Kamin wurde nach 1945 durch einige gezielte Meißelschläge leidlich entnazifiziert. Durch die Hallen weht ein Hauch von Reichskanzlei – und wer den Ort in bunt und bewegt erleben will, muss nur ins Kino gehen: »Mein Führer« mit Helge Schneider wurde 2006 hier gedreht, in Ermangelung der echten Reichskanzlei, deren Trümmer die Sowjets 1945 sprengten, um aus den restlichen Brocken das Ehrenmal im Tiergarten zu bauen. Und auch in Quentin Tarantinos »Inglourious Basterds« sorgt das Krampnitzer Kasino für das adäquate Ambiente.

Ein anderer Film »made in Krampnitz« brachte sogar einen Rekord ein: Mit einem Budget von 180 Millionen D-Mark war »Duell – Enemy at the Gates« im Jahre 2000 der bis dahin teuerste Film, der je in Europa gedreht wurde. Eigens dafür entstand auf dem Gelände der ehemaligen NS-Kaserne ein Nachbau des Moskauer Roten Platzes aus Pappmaché. Doch obwohl Oscarpreisträger Jean-Jacques Annaud Regie führte, floppte der Film an den Kinokassen – und die Produzenten mussten über dreißig Millionen Dollar Verlust abschreiben.

Vielleicht war das ja auch nur die späte Rache am Klassenfeind. Denn die künstlerischen Zeugnisse, die die Sowjets in Krampnitz hinterließen, waren bescheidener und mit weitaus geringeren Mitteln zu realisieren. Ein paar Töpfe Farbe reichten aus, um Sport- und Kulturhaus mit großen Wandfresken zu verzieren. Rote Hände mit Hammer und Sichel respektive Hammer und Zirkel schließen sich in »Druschba« zusammen. Die Farbe hält, während der Putz rundum in großen Brocken auf den morschen Holzboden fällt. An der Stirnseite des Saals schließen sich Bauern und Intellektuelle unter Lenins mächtiger Hand zusammen – nur dass im Antlitz des Revolutionsführers schon unschöne grauweiße Flecken prangen. Die Tür mit der zwei Meter hohen Neun des

»Druschba«: Wandmalerei in der Sporthalle

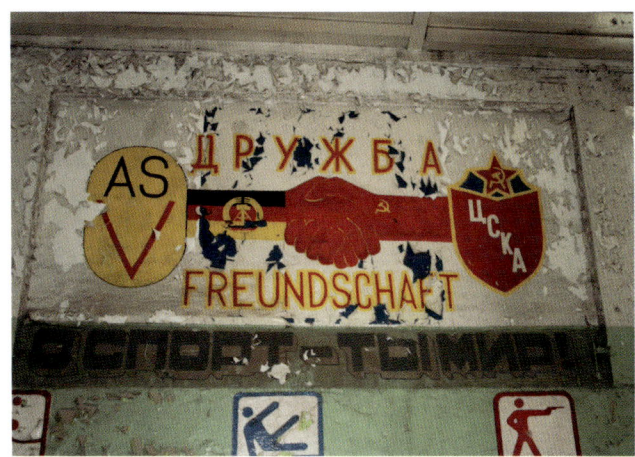

Revolutionsjahrs 1917 steht weit offen. Fahler Sonnenschein fällt herein. Die leuchtende Zukunft des Proletariats?

Für manchen Soldaten aus der Sowjetunion erfüllte sich in Krampnitz vielleicht wirklich ein Traum. In der Straße, die einmal Fahrländer Straße hieß, stehen in Reih und Glied kleine Doppelhäuser. Ein Kachelofen im Wohnzimmer, kleine Gärtchen, Puppenstubenfenster mit Sprossen und viele, viele Birken – ein Idyll, das an das Klischeebild russischer Dörfer erinnert. Hölzerne Treppen führen in Schlafzimmer, durch die heute der Wind pfeift. In den Hausfluren raschelt das Laub, das von unzähligen Herbststürmen hereingeweht wurde. Türen, die keiner mehr schließt. Fenster, aus denen niemand mehr herausschaut. Auch

Überwachsen: Die ehemaligen Offiziershäuser

hier entstand eine Geisterstadt, die man eher in der Umgebung Kiews als Berlins vermuten würde. Aus einem ausgebrannten Dachstuhl wuchern noch mehr Birken.

Pläne für eine Wiederbelebung des Geländes gab es immer wieder. 2006 zum Beispiel sollte die Kaserne zum Fußball-Erlebnispark werden. Ein Fußball-Hotel nebst Fußball-Restaurant, zahlreiche Sportstätten und Trainingslager und natürlich ein Event- und Wellnesszentrum waren geplant. Dann ging der Investor in die Insolvenz.

Während die Pläne starben, sprießt die Natur weiter. Dichtes Gestrüpp wächst über Aufmarschplätze und kerzengerade Straßen. Neben den in Reih und Glied errichteten Mannschaftshäusern aus grau gestrichenem Backstein entsteht langsam ein Urwald. Rehe und Hasen leben zwischen ehemaligen Panzergaragen. Hellgrün verdrängt olivgrün. Und von den Wegen existieren bald nur noch die Namen.

Vorige Doppelseite: Das Hakenkreuz-Mosaik war Teil einer Filmkulisse

Die Inszenierung des Verfalls

Concerthaus Potsdam

Die begehrtesten Plätze im Konzertsaal sind ganz vorne, in der ersten Reihe. Dort, wo man den Musikern auf die Finger sehen kann. Oder man wählt gleich die Loge – mit bestem Blick auf die Bühne und das Publikum. Plätze, die perfekt sind, um zu sehen und gesehen zu werden. Doch im Concerthaus in Potsdam sind die sonst so begehrten Sitze keine gute Empfehlung. Denn sie sind lebensgefährlich.

Die Bodendielen der Logen sind morsch. Faser für Faser löst sich das Holz. Die grünbemoosten Bretter glänzen faulig. An manchen Stellen senkt sich das Parkett, wird zur Achterbahn und endet in tiefen Löchern

Eingestürzt: Wind und Wetter setzten dem Dach des Concerthauses zu

mit direktem Blick auf die einst billigen Sitze. Die Pfeiler der Empore stehen schief, das ganze Gebäude folgt nur noch widerwillig den Regeln, die die Statiker einst für die Konstruktion erdacht hatten. Das Dach über dem Saal hat bereits kapituliert und ist in Trümmern herabgestürzt. Balken für Balken, Brett für Brett. Die Reste häufen sich direkt vor der Bühne.

Ohne Publikum: Das Foyer bleibt ebenso leer wie die letzten erhaltenen Stühle

Teile des Dachstuhls schwanken bedrohlich im Wind. Der nächste Absturz kommt bestimmt.

Wenn es ein Symbol für den Untergang der bürgerlichen Kultur gibt, dann steht es hier, in der Potsdamer Hegelallee. Das heute größtenteils in Trümmern liegende Gebäude war einst Ausdruck bürgerlichen Selbstbewusstseins einer Stadt, die wie keine andere Inbegriff des preußischen Absolutismus ist. Denn Potsdamer Bürger waren es, die den Saal 1865 in der Jägervorstadt errichten ließen. Ab 1869 nutzte ein Verein namens »Thalia-Theater« das Gebäude. Unter dem Namen »Concerthaus« war es ab 1903 eine feste Adresse im Gesellschaftsleben der Stadt, die Türen waren offen für alles: Vereinsfeste, Faschingsbälle oder Tagungen – und natürlich Konzerte und Theateraufführungen. Die Berliner Philharmoniker spielten hier, Namen wie Grete Weiser und Hans Albers standen auf der Gästeliste.

Heute sind die Türen verschlossen, und der Weg in den Saal ist mühsam. Man betritt die Eingangshalle, den Ort, wo einst Diener die Gäste empfingen und Garderobieren Pelzmäntel in Empfang nahmen. Wo einst Damen und Herren in Grüppchen beieinanderstanden und sich in der Theaterpause bei einem Glas Sekt über die soeben gesehene Inszenierung austauschten. Von hier aus bahnten sich die Besucher den Weg um diese Grüppchen, um wieder die nummerierten Plätze aufzusuchen, wenn der zweite Pausengong ertönte. Heute bahnt man sich den Weg durch Müllberge. Um zertrümmerte Möbel, ausrangierte Haushaltsgeräte und Plastiksäcke. Denn das Foyer musste offenbar immer dann herhalten, wenn irgendwo in der Nachbarschaft ausgemistet wurde, die nächste Sperrmüllabfuhr aber erst Monate später im Kalender stand.

Die Müllberge hatten viel Zeit, um zu wachsen. Denn seit der Wende steht das Concerthaus leer. Und die Nachwendezeit ist die erste Epoche der neueren deutschen Geschichte, die außer Verwüstungen keine Spuren am Gebäude hinterließ. In den Jahrzehnten zuvor spiegelte sich die Historie hinter den runden Fenstern wie hinter einem Brennglas. Noch im Januar 1933 tagte hier die Potsdamer SPD. Kurz darauf saßen auf denselben Stühlen die Parteigenossen der NSDAP. Ein paar Jahre später diente der Saal dem Ziel, »Kraft durch Freude« zu gewinnen. Nach dem Zweiten Weltkrieg konfiszierte die Rote Armee die Liegenschaft und machte sie zum »Haus der Offiziere«. Für die Potsdamer Bevölkerung war der Saal nun meistens verschlossen. »Eine Recherche in Potsdamer Archiven zeigt, dass dieses Gebäude seit seiner Erbauung im 19. Jahr-

Politkunst: Stuckrelief aus der Sowjet-Ära

hundert von kaum einer historischen oder politischen Entwicklung unberührt blieb, dass es gebraucht und missbraucht wurde«, schrieb der Autor Olaf Kühl aus Anlass einer Installation, die die Künstler Eleonore Straub und Günter Haring 1995 im damals noch intakten Theatersaal präsentierten: Es erklang ein historisches Konzert unter Leitung von

Wilhelm Furtwängler, aufgezeichnet 1942 im Potsdamer Concerthaus, illuminiert von ausgedienten Verkehrszeichen aus DDR-Zeiten.

Heute ist der Saal selbst zum Kunstwerk geworden – ein »work in progress«, geschaffen von Wasser, Schnee und Sommerhitze. Der Schutt hat sich zu einer bizarren Skulptur aufgehäuft. Balken ragen steil in den Himmel, der durch das offene Dach strahlt. Dazwischen schimmert es hellgrün. Die ersten Bäumchen haben die Ein-Meter-Marke überschritten. Natur auf den Trümmern der Kultur – eine beeindruckende Inszenierung des Verfalls.

Leerer Sockel: Lenins Statue fehlt

Einige Spuren der Sowjets haben die Jahrzehnte überdauert. An der Stirnseite des Saals prangt ein monumentales Stuckrelief: ein Stern im Strahlenkranz, umringt von rauchenden Schloten, Geschützen, einem Flugzeug und jeder Menge Lorbeer – der militärisch-industrielle Komplex des Ostens, frei von Selbstzweifeln in Szene gesetzt. Blütenweiß strahlt der Gips auf der ockerfarbenen Wand. Weder Wind und Wetter noch Vandalen konnten ihm etwas anhaben.

Die anderen Zeugnisse der Sowjet-Ära dagegen wurden Opfer der Zeit. Im verwüsteten Foyer klebt noch eine schwarzweiße Fototapete mit einem Panorama des Moskauer Zentrums. Virtuose Farbspritzer veredeln sie auf ganz eigene Weise: roter Lack auf Rotem Platz. Nur die bronzene Lenin-Statue im Vorgarten erlitt ein ganz profanes Schicksal: Der neue Besitzer des Areals ließ das Zwei-Meter-Monument abtransportieren, nachdem Unbekannte schon angefangen hatten, die Befestigungen am Granitsockel zu lösen. Die Frage, ob man den Gründer der Sowjetunion vielleicht doch wieder aufstellen sollte, sorgte 2005 für einen kommunalpolitischen Disput. Am Ende blieb Lenin im Magazin und der Sockel leer.

Vorige Doppelseite: Rote Farbe verziert den Roten Platz

Das Riesenrad im Ruhestand

Spreepark

Jedes Zeitalter schafft seine eigenen Ruinen. Und so hat inzwischen auch das Internet seine vergessenen Orte. Wenn man sie besuchen will, muss man nur die richtige Adresse eintippen. Zum Beispiel www.spreepark.de.

Holzschnittartiges Screendesign der späten 1990er Jahre empfängt die Besucher. Überschriften im poppigen Word-Art-Look. Grob aufgelöste Bilder für die Generation Modem. Und weit und breit kein Verweis auf eine Präsenz bei Twitter, Facebook und Co. Im digitalen Nirwana ist die Seite hängengeblieben. Nur ein paar Bemerkungen wurden später noch eingefügt: »So sah der Park in seiner letzten Saison 2001 aus.« Und: »Alle Angaben zu Preisen usw. sind ungültig!!!« Das glaubt man sofort. Denn die Tarife werden in D-Mark angegeben. 29 Mark kostete die Tageskarte.

Trockengelegt: Die Wildwasserbahn im Spreepark

Knallbunt ist die digitale Welt des Spreeparks bis heute. Das reale Pendant zum vergessenen Ort im Internet ist dagegen ausgeblichen. Die einst saftig gelben Plastikboote der Grand-Canyon-Tour liegen zitronig bleich zwischen graubraunem Laub. Verwaschen ist das Blau der Klettergerüste. Und das Rot des Riesenrades hat eine rostige Patina angesetzt. Die ganze Anlage wirkt wie ein vergessenes Riesenspielzeug – irgendwo liegengelassen und der Witterung ausgesetzt.

Dabei hat jedes der Relikte seine eigene Geschichte. Und diese Geschichten hätte sich kein Autor oder Drehbuchschreiber einfallen lassen können. Sie handeln vom kleinen Alltagsglück am Rande der Hauptstadt und von großen Träumen. Vom Kampf mit Behörden und der peruanischen Unterwelt. Es sind Lebensgeschichten, die tragisch verliefen und bis heute kein glückliches Ende gefunden haben.

Stillstand seit 2001: Das Riesenrad

Angefangen hatte alles ganz geordnet. 1969 erhielt die DDR ihren ersten und bis zum Ende der Republik einzigen Vergnügungspark. Und da letzterer Begriff doch irgendwie westlich dekadent gewirkt hätte, bekam das Projekt den Namen »Kulturpark Plänterwald«. In der Nähe des Sowjetischen Ehrenmals im Treptower Park war eine ganze Anlage zur Volksbildung und Unterhaltung geplant – Pavillons für Philatelisten waren ebenso vorgesehen wie Vorführstätten in Sachen Wehrkunde. Fertiggestellt wurde aber nur der Rummelplatz, der zum zwanzigjährigen Bestehen der DDR eingeweiht wurde. Während sich im Westen die Europarks und Phantasialänder schon bald mit raffinierten Kunstlandschaften überboten, war das Ost-Pendant schlicht gehalten. Auf einer Asphaltfläche standen Buden und Karussells in Reih und Glied. Haupt-

Bizarre Atmosphäre: Kunststoff-Saurier und Fahrgeschäfte ohne Publikum

Die schwimmenden Schwäne

attraktion schon damals: das Riesenrad.

Wie ein Mahnmal steht das Rad heute mitten zwischen den Ruinen. Umgeben von einem See aus brackigem Wasser. Wer in eine der Gondeln steigen möchte, muss schwimmen, denn die hölzernen Brücken sind zersägt, vermodert oder eingestürzt. Eine Kolonie von Riesenschwänen dümpelt im trüben Nass. Verliebte Paare haben sich schon lange nicht mehr in ihre Plastikleiber gezwängt, um eine romantische Fahrt auf künstlichen Kanälen zu genießen. Dafür kommen immer mehr Besucher, um die Romantik des Verfalls zu erleben. Zuerst stiegen sie heimlich über die Zäune, doch seit das Gelände mit scharfen Hunden bewacht wird, sind bezahlte Touren durch das verwaiste Gelände die bessere Wahl. Zwei Stunden Zeitreise für 15 Euro, zwei Stunden Kindheitserinnerungen.

Dabei liegt das Ende des Parks noch gar nicht so lange zurück. Die Geschichte endete erst zwölf Jahre nach dem Mauerfall. Dafür waren diese Jahre umso turbulenter. Und nicht umsonst trägt ein Film über die Spreepark-Historie den Titel »Achterbahn«. Das erste Kapitel begann 1991. Nachdem der VEB Kulturpark Berlin abgewickelt worden war, bekam die Spreepark Berlin GmbH des Hamburger Schaustellers Norbert Witte den Zuschlag. Der investierte Millionen, um den Ost-Park auf West-Niveau zu trimmen. Der Asphalt verschwand, Gärtner spielten ihr ganzes Repertoire aus und legten Teiche, Bäche, Beete und Alleen an, neue Fahrgeschäfte kamen hinzu. Nur mit den Besucherzahlen klappte es

Vorige Doppelseite: Der letzte Fahrgast blieb kopflos zurück

nicht so richtig. Ob es an den fehlenden Parkplätzen lag? Die ließen sich jedenfalls nicht so einfach schaffen, denn das Grün des Plänterwaldes war mittlerweile Landschaftsschutzgebiet. Die Zeitungen füllten sich mit Geschichten über Schulden, Bürgschaften und Parteispenden. Am Ende stand die Insolvenz.

»Aus technischen Gründen geschlossen« steht noch heute auf dem Schild am vergitterten Eingang – eine elegante Umschreibung. Ungehindert weht der Wind durch die zerbrochenen Fenster der Kassenhäuschen. Und auf den noch intakten Scheiben lösen sich die Reste alter Aufkleber ab. Stolz thront dort das Riesenrad, fröhliche Clowns winken dem Publikum zu. Ihre Gesichter sind ausgeblichen und wirken so trostlos wie der ganze Park: Eine Fabrik der guten Laune wurde zum Reich der Depression.

Mit dem Park zerfiel auch eine ganze Familie. 2002 verschiffte Schausteller Witte einen Teil der Fahrgeschäfte nach Peru. Aus dem Inventar des Spreeparks sollte dort der Lunapark werden. Doch auch diese Pläne scheiterten – und Witte packte wieder ein. Allerdings landeten in den

Erste Wiederbelebung: Bei Spreepark-Führungen drehen sich die Tassen wieder

Containern nicht nur zerlegte Attraktionen mit Namen wie »Butterfly« und »Fliegender Teppich«, sondern auch über hundert Kilo Kokain. Norbert Witte spricht von einer Aktion der peruanischen Unterwelt, über deren Kanäle er sich Geld geliehen habe. Das beeindruckte die deutsche Justiz wenig, Witte wurde zu sieben Jahren Haft verurteilt. Seinen

Schlagseite: Wie das Piratenschiff gerieten auch die Park-Bilanzen in Schieflage

Sohn traf es härter – er kam vor ein peruanisches Gericht. Das Urteil: Zwanzig Jahre Gefängnis. In Peru. Dort sitzt er noch heute.

Norbert Witte lebt mittlerweile wieder im Spreepark, in einem Wohnwagen zwischen den Resten des einstigen Westerndorfes. Dort schmiedet er neue Pläne. Auf kleiner Flamme könne man den Spreepark wiederbeleben. Mit temporären Fahrgeschäften, wie man sie von Rummelplätzen kennt. Schnell sei das zu machen, in ein paar Wochen könne man den Park flottmachen – man komme schließlich aus einer alten Schaustellerfamilie. Das Riesenrad soll sich auch wieder drehen. Eine Probefahrt gab es schon.

Der König der Ruinen schreitet voller Tatendrang über das Gelände. Vorbei an morschen Hütten, umgestürzten Saurierfiguren und verwilderten Rabatten. Mit den Behörden müsse man sich noch einig werden, erzählt er. Bis dahin bleiben nur die Erinnerungen. Und grobgepixelte Bilder auf www.spreepark.de.

Vorige Doppelseite: Relikte aus untergegangenen Welten

Der Kühlschrank der Weltstadt

Eisfabrik Kreuzberg

Es gab eine Welt vor der H-Milch. Es gab eine Welt vor dem Schmelzkäse in Scheiben. Es gab eine Welt vor dem pasteurisierten Joghurt. Und es gab eine Welt vor dem Kühlschrank. Auch Eis gab es schon immer. Aber Eis schmolz. Es sei denn, man mauerte es ein. In Kühlräumen, umgeben von dicken Wänden aus Backstein und Isolierungen aus teergetränkten Korkplatten. Über fünf Stockwerke. Direkt an der Spree, deren Wasser nur an extrem kalten Wintertagen zu Eis wird.

Die Kühlräume sind noch da. Gerade noch. Denn der Abriss hat schon begonnen. Reste der Korkplatten liegen auf dem Gang. Und die Thermometer sind stehengeblieben. Ihre Zeiger sind festgerostet. Bei minus 16 Grad. Dort verharren sie. Wie die Tachonadel eines Autos nach dem Crash.

Ein Wrack ist auch das alte Kühlhaus. Zum Kühlen taugt es nur noch, wenn es draußen ohnehin kalt ist. Die Fenster sind eingeschlagen, die Türen mit Brettern verbarrikadiert, die Technik ohne Funktion. Nur im

Reste aus einer anderen Zeit: In den Kühlhäusern der Eisfabrik

Innenhof ist es bunt. In nächster Nähe zu illustren Adressen wie der Köpenicker Straße entstanden hier zig laufende Meter Graffiti auf Backsteinmauern, die ein weiteres Mal Stoff für die spannende Diskussion geben, wie weit sich Street Art und der Schutz historischer Architektur vertragen.

Als die Gebäude errichtet wurden, lag die Betonung ganz klar auf der Architektur. Und die sollte repräsentativ sein. Vor allem beim 1913/14 errichteten Maschinenhaus gaben sich die Architekten Mühe und krönten es mit einem neoklassizistischen Giebel, dessen Ziegelornamente gleichzeitig Anklänge an die frühe Moderne zeigen. Bis heute prägt der Komplex das Spreeufer. Wer mit der S-Bahn von der Jannowitzbrücke zum Ostbahnhof fährt, kann ihn kaum übersehen.

Über Jahrzehnte waren Kühlhaus und Eisfabrik der Kühlschrank der Weltstadt. Lange bevor in jedem Haushalt ein weißer Kasten von Bosch oder AEG stand oder später von Gorenje und Whirlpool. 1896 ließ die Norddeutsche Eiswerke AG die ersten Kühlhäuser errichten, bald

Schattenspiele in den Gängen der Kühlhäuser

darauf das Maschinenhaus und mit ihm eine Wundermaschine: ein Monstrum aus Kesseln, Rohren, Schwungrädern und großen Becken, das Eis erzeugte. Namen von Industriepionieren wie Carl von Linde und Rudolf Diesel schmücken die Geschichte der Erfindung. Und ein Molkereibesitzer namens Carl Bolle sah nun eine Alternative zum Natureis, das noch ein paar Jahre zuvor Winter für Winter mühsam aus der Rummelsburger Bucht gebrochen werden musste. Der Durst der Weltstadt nach Milch, ihr Appetit auf Butter und Joghurt wuchsen von Jahr zu Jahr. Jetzt konnten die verderblichen Produkte industriell gekühlt

Vorige Doppelseite: Der Antrieb des Lastenaufzugs steht schon lange still

werden – mit Eis aus Kreuzberg. Denn für einzelne Molkereien waren die Maschinen zu teuer und natürlich zu groß. Für Privathaushalte erst recht. In den Genuss der Kühlhäuser kamen aber auch sie, denn fächerweise wurden die Kühlkammern vermietet. »Sogar zwei einzelne Hasen, die man im Dezember von der Jagd mitbringt, kann man in das Kühlhaus hängen«, schwärmte 1902 der Autor einer Fachzeitschrift. Dank Kühlhaus könne man sie dann bei der Geburtstagsfeier im Juli »den überraschten Gästen vorsetzen«. Und zwar – man staune – »ohne den geringsten Hautgout«.

Repräsentativ gebaut: Das Maschinenhaus

Ob Butter oder Eier, ob Wild, Fisch oder frische Schnittblumen – für alles gab es ein Kühlfach im XXL-Format. Auch exklusiveres Lagergut fand sich: »Am Tage meines Besuches«, so schrieb der Autor beeindruckt, »war allein für eine dreiviertel Million Mark Kaviar vorhanden.«

Die Ära der Kühlhäuser – ob mit oder ohne Kaviar – endete 1995. Die Eismaschine steht schon seit 1991 still. Das Aus kam in Etappen: Schon 1952 – die Eisfabrik hieß jetzt VEB Kühlhaus Süd-Ost – wurde die Produktion von einstmals 240 auf 120 Tonnen heruntergefahren. 1962 schmolz die Menge auf 60 Jahrestonnen dahin. Einen Restbedarf an Stangeneis, hergestellt mit der Technik von Carl von Linde und Rudolf Diesel, gab es aber immer noch. Obwohl die DDR Kühlschränke der Marke Foron produzierte und Werke namens VEB Kühlautomat im Portfolio hatte.

Das Eis, das heute in den Berliner Bars in Cocktails und Longdrinks landet, kommt schon lange nicht mehr aus Kreuzberg. Dafür entbrannten schon kurz nach der Wende heiße Debatten um die Eisfabrik. Der ewige Kampf von Klein gegen Groß begann. Da waren die Arbeiter, die ihre Fabrik selbst verwalten und auf diese Weise retten wollten. Da sind die Architekten, die von Glaspalästen mit Spreeblick träumten. Da sind die Projektentwickler von der TLG Immobilien, die einen weiteren Mosaikstein zum Mediaspree-Projekt hinzufügen wollen. Da sind noch immer die Mieter in den Vorderhäusern, die ihren günstigen Wohnraum behalten wollen. Und da ist die Initiative, die seit Jahren um den Erhalt

Staub und Rost: Ein Becken ohne Wasser

der denkmalgeschützten Industriegebäude kämpft und auch Unterstützung vom Bund Deutscher Architekten bekommt. Schließlich zählen die Hochkühlhäuser zu den letzten ihrer Art weltweit. Zum Tag des offenen Denkmals öffnen sich regelmäßig die sonst verschlossenen Tore des Geländes.

Den Rest des Jahres ist es in den Kühlhäusern still, leer und dunkel. Im Lichtkegel der Taschenlampe sieht man die verrotteten Reste der Treppen, auf denen die Arbeiter einst von Kühlraum zu Kühlraum eilten. Der Aufzug für die Eisstangen hält sich nur mit letzter Kraft an den Drahtseilen. In einem Mauerwinkel rostet ein Waschbecken vor sich hin. Und im obersten Stockwerk tropft das Wasser durch das undichte Dach. Im nächsten Winter wird es zu Eis – auch ohne Kühlung. Doch dann werden die Kühlhäuser wohl nicht mehr stehen. Auch wenn sich Politiker wie Wolfgang Thierse für ihren Erhalt einsetzten.

Und die Eismaschine? Bis vor kurzem stand sie noch da. Ein paar Meter vom Spreeufer entfernt, unter dem mächtigen Giebel, hinter den hohen Backsteinmauern. Inzwischen ist sie verschwunden. Während die Kühlhäuser fallen sollen, wird das Maschinenhaus saniert. Raum für Kunst und Kreative soll hier entstehen. Die waren allerdings davor schon da und haben Schwungräder, Rohre und Becken in eine schrill-bunte Installation verwandelt. Auch der Dampfkessel, der die ganze Anlage einst mit Energie versorgte, war kein Monstrum aus grauem Stahl mehr. Er erstrahlte in hellem, kaltem Weiß. Weiß wie Eis.

Die Ruinen an der Autobahn

Raststätte Dreilinden und Avus-Tribüne

Es waren Klänge wie aus einer anderen Welt. Elektronisch erzeugt, glasklar und sphärisch. Es war die klangliche Ästhetisierung eines Verkehrsweges. Und mit »Autobahn« räumte die Gruppe »Kraftwerk« die Assoziationen beiseite, die den einstigen »Straßen des Führers« sonst anhafteten. Der betonierte Streifen wurde zur Metapher für den Wechsel in eine andere Dimension. »Vor uns liegt ein weites Tal, die Sonne scheint, ein Glitzerstrahl / Fahrbahn ist ein graues Band, weiße Streifen, grüner Rand.« Und am Rande des grauen Bandes steht auch das tatsächliche Pendant zum Klassiker der elektronischen Musik. Genauer gesagt, an der A115, kurz vor Berlin. 1972, zwei Jahre, bevor »Autobahn« erstmals auf Vinyl gepresst wurde, entstand nach Plänen von Gerhard Rümmler ein Gebäude, das mehr Skulptur als Zweckbau ist. Mit klaren Formen, gewagt in der Farbgebung und kompromisslos modern, war es der extremste Gegenentwurf zur Buckelquader- und Heimatschutz-Ästhetik der Reichsautobahnen. Es war das Dokument einer endgültigen Demokratisierung der Verkehrsarchitektur.

Der mächtige Schriftzug »Dreilinden« prangt noch

Gestrandetes Ufo: Die Raststätte Dreilinden

heute auf dem himbeereisfarbenen Betonzylinder. Beleuchtet werden die Buchstaben schon lange nicht mehr. Denn seit 2002 steht die Raststätte leer. Selbst vom Schriftzug »Schnellimbiss« sind nur die Schatten geblieben. Es ist ein Gasthaus, das alle Attribute der Gastlichkeit vermissen lässt. Die Rollläden sind geschlossen, die Scheiben blind, die Türen verbarrikadiert. Und dort, wo irgendwann die ersten Scheiben eingeschlagen wurden, halten stabile Bretter und Metallplatten jeden potentiellen Gast ab.

Es war nicht das erste Mal, dass in der Raststätte Dreilinden die Pforten geschlossen wurden. Denn die Geschichte des runden Restaurants ist auch ein Stück der Geschichte der deutschen Teilung. Bis 1989 war dort, am südwestlichen Rand Berlins, der Checkpoint Bravo – Übergang von Ost nach West, Schleuse zwischen DDR und BRD, Markstein an der Grenze zwischen Kommunismus und Kapitalismus. Wer aus Richtung Süd- oder Westdeutschland nach West-Berlin fahren wollte, musste durch das Nadelöhr. Stundenlanges Warten war an der Tagesordnung – und für alle, die sich davor oder danach noch stärken wollten, entstand der gigantische Rasthof. Er war Teil der zwischen 1968 und 1972 errichteten neuen Grenzanlage, die den alten, südwestlich gelegenen Übergang in Albrechts Teerofen ersetzte. Abfertigungsgebäude, ein Brückenhaus über der Autobahn für den Zoll und natürlich auch Tankstellen gehörten zum Ensemble, das in der Ost-Terminologie als GÜSt firmierte – als Grenzübergangsstelle. Im Westen blieb man trotz der opulenten Bauwerke beim Begriff Kontrollpunkt. Schließlich hätte das unerwünschte G-Wort die Existenz der deutsch-deutschen Grenze völkerrechtlich legitimiert.

Diese wurde allerdings etwas durchlässiger, als der neue Rasthof noch nicht einmal eingeweiht war, denn im Sommer 1972 trat das Transitabkommen zwischen den beiden deutschen Staaten in Kraft. Visa wurden jetzt direkt am Fahrzeug ausgestellt, Gepäck wurde nicht mehr kontrolliert, die Wartezeiten verkürzten sich drastisch. Als Folge kamen immer weniger Reisende, die sich im futuristischen Restaurant für eine unfreiwillige Zeitreise stärken wollten – eine Zeitreise über notdürftig hergerichtete Reste der alten Reichsautobahn, die als Transitstrecke in Richtung Helmstedt/Marienborn oder Rudolphstein/Hirschberg fungierten. Schon wenige Monate nach seiner Eröffnung schloss der Rasthof

Pop-Architektur: Die Raststätte wirkt wie eine begehbare Skulptur

wieder. Nur wenige Gäste hatten sich in die Räume verirrt, deren Kunst-
stoffdesign noch heute mehr an das Interieur aus einem Science-Fiction-
Film als an eine Autobahnraststätte erinnert.

Wie ein gestrandetes Ufo ragt der blau-rote Turm seither in den Himmel. Bis 1989 war er noch eine Landmarke, die die Ankunft in der west-
lichen Insel optisch überbetonte. Gäste kamen trotzdem kaum. Versuche,
hier wieder hungrige Reisende zu bedienen, gab es immer wieder – lange
hielt aber niemand durch. Inzwischen sind auch die Tankstellen geschlossen. Von der Autobahn abgehängt, rotten sie vor sich hin. Die Uhr
zeigt konsequent 18.17 Uhr an – ein verspielter Zeitanzeiger im gelben
Kunststoff-Look, der wie die Riesenausgabe eines Kinderweckers wirkt.
Den für neunhundert Autos angelegten Parkplatz steuern immerhin noch
ein paar Lastwagenfahrer an. Denn das Zollamt ist nach wie vor in Betrieb.

Eine direkte Autobahnabfahrt auf den Parkplatz gibt es nicht mehr.
Der Verkehr rauscht vorbei – weiter auf der A115, weiter Richtung Berlin. Und nach rund acht stangengeraden Kilometern taucht die nächste
Ruine auf. Grau und ver-
rußt wie ein ausgeglühtes
Wrack am Rande der Auto-
bahn ragt die einstige
Avus-Tribüne aus den Ab-
gaswolken.

Verschweißt: Die Avus-Tribüneneingänge

»Automobil-Verkehrs-
und -Übungsstraße« hieß
die 1921 eröffnete Strecke.
Sie war die Mutter aller
Autobahnen. Gebaut wur-
de sie für den Rennsport,
doch auch ambitionierte
Herrenfahrer durften hier
die eigenen Fähigkeiten
und die Belastbarkeit ihrer
Fahrzeuge auf die Probe stellen – gegen Gebühr, versteht sich. Doch Ge-
bühren für die Nutzung der Avus sind heute kein Thema mehr, und auch
mit dem einstigen Mythos Geschwindigkeit ist es nicht mehr weit her:
Wo Rennfahrer wie Hermann Lang schon in den 1930er Jahren einen
Schnitt von rund 260 km/h erzielten, gilt heute Tempo achtzig.

Abgestellt: Die leere Tribüne am Rande der Autobahn

Gerast werden durfte noch bis in die 1990er Jahre – aber nur dann, wenn die Strecke für die hauptberuflichen Raser abgesperrt wurde. Vom einstigen Ruhm der seinerzeit schnellsten Rennstrecke der Welt war aber schon damals wenig zu spüren: Geblieben sind nur die 1936 gebaute Tribüne und der Rundbau der Rennverwaltung, der heute als Motel sein Dasein fristet. Die imposanten Steilkurven verschwanden schon in den 1960er Jahren, und die Formel 1 war längst zu anderen Strecken weitergezogen. Nur für Rennen mit Tourenwagen und Nachwuchs-Formelwagen war die Avus noch gut. 1998 wurde hier zum letzten Mal um Sekunden gekämpft – seither misst nur noch die Polizei die Geschwindigkeit.

Die zwanzig Eingangstore zur Tribüne sind verschweißt. Am Rande der Tribüne halten Rollen an Nato-Draht ungebetene Besucher fern. Zu sehen bekämen die sowieso nur wenig Spektakuläres. Statt Silberpfeilen teilen sich Golfs, Astras und Lieferwagen die Spuren. Im Feierabendverkehr herrscht auch mal Stillstand auf der einstigen Rennpiste. Gemächlich fließt der Verkehr auf der A115 aus Berlin hinaus. In Richtung Beelitz.

Bildnachweis

Stefan Beste: 9, 16, 20, 27, 30, 58, 89
Babett Köhler: 21, 24/25, 26, 28/29, 57, 60/61, 76 (o.), 76 (u.), 77, 80,
    81 (l.), 84
Adrian Specht: 35 (l.), 35 (r.), 51, 56 (r.), 64 (r.), 70 (r.), 93, 95

Alle anderen Fotos: Arno Specht